故宫博物院藏
清代碧玉器与玛纳斯

Jasper Wares of Qing Dynasty Collected by the Palace Museum and Manasi

故宫博物院
新疆维吾尔自治区玛纳斯县人民政府 编

Compiled by the Palace Museum and
Manasi County Government, Xinjiang Autonomous Region

故宫出版社
The Forbidden City Publishing House

目录

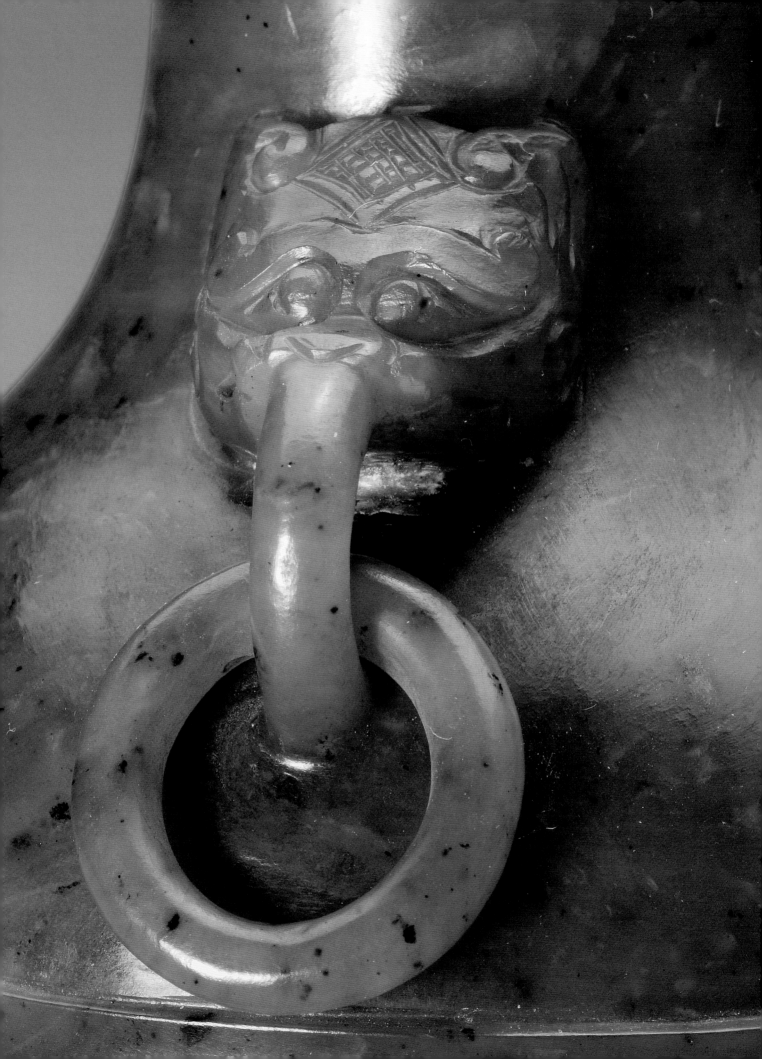

Contents

清代宫廷碧玉器

张广文

一　明代以前碧玉的使用

在内蒙古敖汉兴隆洼遗址出土有八千年前的玉器，玉材的选择与加工工艺都很成熟，人们推断一万年前已经出现了成规模的玉器加工，也出现了较为一致的玉材选择标准。东部地区的红山文化，玉器主体为透闪石玉，西部地区的齐家文化，玉器主体亦为透闪石玉。透闪石玉是自新石器时代以来我国玉器的重要玉料，以苍玉、白玉与青白玉、碧玉为重。

商代以前，整体上看，以苍玉为玉料主体，许慎《说文解字》释"苍"，"草色也"，苍玉应指黄绿色等暗色玉。我们看到，大量使用玉器的新石器时期红山文化、良渚文化都以暗色玉材为主。商代玉器也是这样，尤其是玉礼器——圭、璋、璧，多无花纹或少花纹，以显玉材本色。《礼记·礼器》曰："有以文为贵者，有以素为贵者，至敬无文，父党无容，大圭不琢，大羹不和，大路素而越席，牺尊、疏布鼏，樿杓，此以素为贵也。"其注："琢当为篆字之误也"。而这些玉器所用玉材，主要为暗色玉。这与古人"衣褐"，所用物体多为暗色有关。同时，也可以看出，古代苍玉中已包含碧玉的因素。

白玉与青白玉的使用在新石器时代已出现，主要见于齐家文化玉器[1]，甘肃李店出土的齐家文化白玉箍的玉料在齐家玉器中多有出现。东周以后，白玉的使用更为广泛，并逐渐成为帝王的专用。《礼记》载："天子佩白玉而玄组绶，公侯佩山玄玉而朱组绶，大夫佩水苍玉而纯组绶，世子佩瑜玉而綦组绶，士佩瓀玟而缊组绶。"湖北随县战国早期的曾侯乙墓出土玉器以白玉、青白玉为主，而安徽长丰战国墓的玉器主要出土于二等墓葬，以暗色玉为主，可见用玉的颜色与墓主人的身份有关。

唐宋元时期，所用玉料主要为白玉、青白玉，是玉器的青白玉阶段，颜色玉占的比重很小，但碧玉的使用在文献中已多有记载。《隋书》卷六有"碧玉生于瑞巇"，又有"以白玉、碧玉小品爵六献于太庙"的记载。《旧五代史》卷

[1]《中国出土玉器全集·15》，科学出版社，2005年。

一一一有"献碧玉金涂茵、银裹鞍勒各一付"之说。但隋至宋的碧玉作品，考古发掘中很难发现。《元史》卷九有"乙未以白玉、碧玉、水晶爵六献于太庙"；《元史》卷一一"纳碧玉爵六、白玉盂十五于太庙"；《元史》卷一六〇"内府珍玩有碧玉宝枕"等。由此可知历来碧玉受人们重视的程度，也可以看到碧玉是历代工艺玉器的重要材料。

何为碧玉？现代矿物学将绿色的透闪石玉称为碧玉，栾秉璈《怎样鉴定古玉器》中有"碧玉呈绿至暗绿色，有时可见黑色脏点，皆因含杂质，如铬尖晶石矿物等所致"。但古人所说碧玉，另有含义。《说文解字》释碧——"石之青美者"；张衡《南都赋》有"绿碧紫英"之说。综合古文献可以看出：古代，碧包含了青、绿两种颜色，这同于《新华字典》将碧释为"青绿色"。古代玉器中，碧玉出现得非常早，人们熟知的三星他拉发现的新石器时代红山文化玉龙为"墨绿色"[2]，应属碧玉；山东济阳刘台子西周墓地出土玉戈（M6：107）"深绿色有多处黑斑"[3]，亦应属碧玉。

明代碧玉的使用范围已非常广泛，曹昭《格古要论》卷六解析收藏要领，对碧玉、绿玉进行了区别："碧玉其色青如蓝靛者为贵，或有细墨星者、色淡者皆次之，盖碧今深青色。""绿玉，深绿色者为佳，色淡者次之。"明代碧玉的典型作品有江西南昌明墓出土的玉带，"碧绿色，有褐斑，内含黑点较多"，全套二十块；江西南城明益定王朱由木墓出土玉带，"墨玉质，通体抛光"，仅存九块[4]；北京定陵出土碧玉带钩；故宫博物院藏明代碧玉带板、碧玉杯[5]。这些碧玉作品，材料各有特点，可以看出主要来源于我国新疆地区。

二　清前期碧玉的使用

碧玉在清代很受重视，古人以玉为瑞，秦始皇以蓝田玉做乘舆六玺，象征政

[2]《中国出土玉器全集·2》，科学出版社，2005年。

[3]《山东济阳刘台子玉器研究》页109，众志美术出版社，2010年。

[4]《中国出土玉器全集·9》，科学出版社，2005年。

[5]《故宫博物院藏文物珍品全集·玉器上》，香港商务印书馆，2008年。

权，此后历代多沿秦制，清代的宝玺、册也多用玉制。清顺治二年(1645年)建谥宝、谥册制度。谥宝、谥册大致有三种材质：一为纸质，用于烧焚，一为木质，用于入葬，一为玉质，安于太庙。现故宫博物院藏有上述谥宝、谥册，分别为暗青色玉或青白色玉。这种暗青色玉，在明清用玉体系中，称为碧玉。

著名的北京小西天黑舍里氏墓，所葬黑舍里氏为清朝重臣索尼的孙女，早夭，康熙年间下葬，墓中陪葬有众多玉器，其中有一件白玉鸡心佩，一件碧玉鸡心佩，工艺精湛，玉料精良，尤其碧玉，色绿、微透明、有斑，属当今所言碧玉精料[6]。此墓中还出土一件玉樽，筒状，有扳，有盖，盖上有三兽钮，带有"子刚"款[7]。一些学者认为其是明代陆子刚作品，经与大量清代宫廷收藏的"子刚"款玉器相比较，陆子刚原作的可能性并不大。清康熙年间曲阜孔尚任《享金簿》记："碧玉小玦，双螭拱抱，中碾阳文四字曰'平定虎符'，勾刻精致，盖军中为信者也……碧玉羊首钩，鲜绿若染，葱蒨夺目。"明清时，将现在所谓觿式佩、鸡心佩称为"螭玦"，这里所讲的"碧玉小玦"与黑舍里氏墓出土的玉佩属同种作品。故宫博物院收藏有碧玉樽，绿色玉，有墨色黑斑，透明度略低，无扳，盖上三兽钮，樽外所饰谷纹，皆用管钻套磨，较前述玉樽制造年代略晚，确明显早于乾隆玉器，应属明代晚期到清康熙年间的作品。

雍正时期，宫廷玉器中碧玉使用已很广泛，造办处档案记载颇多。

雍正四年，正月初七日，员外郎海望持出碧玉鹿一件，奉旨：此玉虽好……持出碧玉盒一件，奉旨：此盒上下螭虎花纹不好，改做，钦此……持出碧玉三喜玦一块……持出碧玉连环带钩一件，奉旨：带钩上龙头并螭虎的做法不好，改做……

十一日，员外郎海望持出……碧玉夔龙式扇器一件，碧玉天鸡式扇器一件，奉旨：收拾好，有镶嵌处用，钦此。

十三日，太监杜寿交来紫檀木架碧玉瓜式磬一件，传旨：此架子蠢，着

[6]《中国出土玉器全集·6》，科学出版社，2005 年。

[7]《中国出土玉器全集·5》，科学出版社，2005 年。

[8] 清宫内务府造办处《各作成做活计清档》。

另做秀气座子，玉磬两面，酌量收拾，钦此[8]。

以上情况可以说明，清代乾隆前，自宫廷到民间，绿玉或碧玉的使用，已经有一定规模。

三 乾隆时期碧玉的使用

碧玉的使用，在清代初期已成气候，乾隆时期有大量的作品出现，其原因主要在于皇家的喜爱及材料的增加。

乾隆非常喜爱碧玉，也非常喜爱绿玉，他对于碧玉与绿玉的界定，延续了明代人的习惯——碧玉以"青如蓝靛"为上，绿玉为绿色玉。乾隆将好的碧玉视为珍宝，《御制诗集·二集》卷四三乾隆辛未年有"玭璐"诗，赞一内碧外红玉子，"未辨于阗玉，居然荆国伦……不藏我何有，永佩此堪珍"。玉外表的红色，应该不是玉的本色，是次生的颜色。

乾隆癸未年，乾隆在得到新疆北部发现的碧玉大玉盘后，赋诗《碧玉盘谣》，并将诗刻在了盘上。此盘现藏于故宫博物院，所用之玉为青绿色，透明度较低，颜色均匀。此后乾隆多次为碧玉碗、碧玉夔纹璧、碧玉射鹿纹韘等作品题诗。

历朝的皇帝，对于宫廷器物的制造多有干预，但少有记载。唯有清代，皇帝赏鉴工艺品的各种活动，档案记载颇详细。乾隆为帝60年，他喜好艺术，染指工艺，对各类工艺品的创作、生产参与颇多。具体到碧玉作品的制作，清宫内务府造办处《各作成做活计清档》记载可见一斑：

（乾隆九年四月二十九日）太监胡世杰交碧玉一块、青玉一块，传旨：着照此玉大小形式酌量好款式陈设，先画样呈览，准时将此玉并画一同发与图拉照样式做，不可小了，钦此。

五月一日，太监胡世杰交金星玻璃钩环一份、白玉钩环一份传旨：着图拉用此劖下碎青玉、碎碧玉照此钩环款式各做二份，钦此。

乾隆二十七年十月"行文"：

十月十二日……押帖内开本月初九日，太监如意传旨着启祥宫所存活计伺候呈览，钦此……于本日将……碧玉兽觥一件……交太监如意持去呈览。

"记事录"：

乾隆三十五年二月二十三日，苏州送到白玉碗一件，白玉羽觞一件，白玉碧玉象棋一份，呈览，奉旨……象棋按原处安放。

在造办处档案记载中，碧玉与绿玉的区别不甚明显，在御制诗中乾隆是把碧玉和绿玉区别开的。他多次作诗，将绿玉比喻为韭色，《御制诗集·三集》卷七八有"题绿玉觯……深绿出瑜次，引规鞣制圆，琼华体宁比，韭叶色如鲜……"《御制诗集·四集》卷二二有"绿玉盘……瓜皮无罳彩，韭叶且玲珑……"《御制诗集·四集》卷六四有"题绿玉司寇匜……韭绿犹余润，粟黄徒讶奇……"由这些诗句可以看出，乾隆将碧玉与绿玉进行了明确区分，认为碧玉、绿玉是玉料的重要组成部分，且好的绿玉具有珍宝价值。将绿玉的使用安排到玉器品种的各个方面。

四 清代碧玉的产地与玛纳斯产碧玉

清代碧玉主要产自新疆地区，新疆有多处玉矿，和阗和玛纳斯是清代所用碧玉的重要产区。

古代史书中多有绿玉河产玉的记载。《新五代史》卷七四记载："河源出于阗，而山多玉者，此山也。其河源所出，至于阗分为三：东曰白玉河，西曰绿玉河，又西曰乌玉河，三河皆有玉而色异。"此记载在《钦定皇舆西域图志》、《钦定河源纪略》中皆有引用。注家认为，玉河之名来源于所出玉料的颜色，绿玉较多出于绿玉河。而关于于阗碧玉的记载见于玉版十三行，《松泉集》卷一六载："贾似道使门客廖莹中缩定武兰亭，刻之于阗碧玉，谓之玉枕兰亭。"

清代乾隆诗句中却往往将所用绿玉的产地归于和阗，《御制诗集》录有八首，《咏和阗玉凫鱼壶》第一句为"和阗绿玉尺五高"，另有《题和阗绿玉鞢》、《咏和阗绿玉龙尾觥》、《咏和阗绿玉龙尾觥歌》、《咏和阗绿玉龙头龙尾歌》、《咏和阗绿玉璧》、《咏和阗绿玉方壶》。以上所咏玉器，主要藏于故宫博物院，观其作品，玉料、工艺皆有自身特点，以其为标准，可以确定一部分故宫所藏相同玉料玉器的产地是和阗。

玛纳斯位于乌鲁木齐以西，清《钦定皇舆西域图志》卷十记载："绥来县治，旧地名玛纳斯，在昌吉县西北，东南距昌吉县治二百二十里。"其地多产碧玉。清嘉庆四年间成书的《三州辑略》记："乾隆五十四年封闭玛纳斯绿玉矿，禁止开采。嘉庆四年奉上谕，叶尔羌、和阗等处出产玉石，向听民间售卖，并无列禁明文……因高朴串通商贩采卖玉石案始行定列……着照刑部议，今后取卖玉石，无论已未成器，盖免治罪。"又称："玛纳斯城百余里，名清水泉。又西百余里，名后沟。又西百余里，名大沟，皆产绿玉。乾隆五十四年封闭绿玉矿，禁止开采。"

从中可以得知，玛纳斯原产绿玉，可能民间开采为主，因高朴一案牵连，于乾隆五十四年封闭，嘉庆四年上谕商贩采卖玉石盖免治罪，又得以再次开采。此后开采不断。

《新疆图志·实业志》（二）中对玛纳斯县清水河出产的碧玉曾有一段注文称："玛纳斯河源清，产玉，故名清水河。玉色黝碧，有文采，璞大者重数十余斤。又北流百里，入乌兰乌苏河中，多碧玉。清水河之西，乌兰乌苏之东有库克河，其源出奇喇图鲁山中，多绿玉，旧设绿玉厂。又绥来城西之百余里，曰后沟，曰大沟，均产绿玉。"

这些记载说明，玛纳斯地区最晚自乾隆时期已有绿玉开采，在一个时期玉矿被封闭，其后便延续不断。民国以后，时至今日玛纳斯玉矿的开采，具有相当的规模。

五　故宫博物院藏乾隆御制诗碧玉作品概况

中国古代碧玉使用的高潮在清代，清代碧玉使用的中心在宫廷，目前故宫博物院收藏碧玉作品在千件以上。

以下我们将乾隆题"和阗绿玉"诗及部分刻诗作品进行比较：

碧玉凫鱼壶。刻诗首句"和阗良玉琢壶成"[9]。器形完全仿汉器，所用玉料深碧色，带黑斑、青斑。

另一件碧玉凫鱼壶。刻诗首句"和阗绿玉尺五高"[10]。所用玉料青绿色，玉色均匀无黑斑，透明度低，此类玉料在清代宫廷玉器中，见于玉玺、玉插屏座、玉瓶炉的制作。

碧玉百兽豆。刻诗首句"和阗绿玉中为豆"[11]。器形仿《西清古鉴》周百兽豆，玉色暗青，颜色均匀，透明度低，玉质与上一件接近，更接近今人所言青玉。

碧玉兽面纹璧。刻诗首句"玉河恒贡玉"[12]。玉璧为一对，分内外区，外区饰仿汉兽面纹，内区饰谷纹，玉色淡绿，少量黑斑，大面积青斑，有较高的透明度。

碧玉兽面纹方瓴。刻诗首句　"和阗玒绿玉"[13]。造型仿古，所用玉料绿色略暗，少量黑斑，大面积青斑，透明度较高。

碧玉兽面纹匜。刻诗首句"一握和阗玉"[14]。此作品仿周代司寇匜，所用玉料翠绿色，带青斑，透明度较高。

从以上作品中我们可以了解到清代乾隆时碧玉使用的一些情况，所用碧玉的一些特点。以上作品的玉中几乎不见翠绿色、铜锈色斑点，目前玛纳斯所产碧玉多以绿色为基本色，带有黑斑、青斑、铜锈色斑，类似的玉料清代宫廷玉器中有较多使用，其中一些可能来源于新疆玛纳斯地区。

[9]《清高宗御制诗文全集·五集》卷六一《题和阗玉汉凫鱼壶》。
[10]《清高宗御制诗文全集·三集》卷二五《咏和阗玉凫鱼壶》。
[11]《清高宗御制诗文全集·五集》卷三五《和阗绿玉百兽豆》。
[12]《清高宗御制诗文全集·五集》卷九二《咏和阗绿玉璧》。
[13]《清高宗御制诗文全集·五集》卷一〇〇《咏和田绿玉方瓴》。
[14]《清高宗御制诗文全集·五集》卷九二《题绿玉司寇匜》。

六　清代宫廷碧玉作品的种类与款识

（一）种类

清代宫廷碧玉作品，主要见于册宝、陈设和日用，有宝、册、瓶、壶、尊、炉、奁、熏、觥、匜、卣、觚、爵、佩、环、扳指、花插、山子、瓮、插屏、人物、动物、花果、碗、盘、杯、洗、盒等，现略选几种加以介绍。

1. 册宝

清代以玉为宝，著名的有盛京十宝，乾隆制二十五宝，还有殿宝、谥宝等，多用碧玉制作。

清代宫廷玉册，主要有谥册、书画册和御制诗文册，其中有不少碧玉作品。

2. 瓶、壶、尊

瓶属较高的器皿类陈设，时样作品为瓶，仿古作品多叫"壶"、"尊"。清廷组织制造了较多的大型碧玉瓶、壶、尊，一般高度在40厘米以上，最高的不超过一米，多数无盖。

扁瓶，明代多无肩、敞口，乾隆扁瓶肩部略高宽，小口，有盖。主体部分多较厚，表面弧形凸起，造型以直方、圆弧、"S"形边线为主，表现为口沿平直、表面平滑、胎体均匀。

器盖应随器形，以凸起的造型为主，很少有片状平盖，一般小于器身，在形状上与器身融为一体。一般来看，钮小于盖，钮与盖之间有连柱，几何形钮有方形、椭圆形、环形、迭片形，钮上或有装饰；还有花鸟蝶形钮、兽钮、镂雕钮、几式钮、龙钮、瓜钮等。

器足有封闭式足和直壁足，封闭式足有斜壁足、柱状足、扁高足、如意足、垂云足、人形足、兽形足，除一些高足作品外，器足不大于器身；直壁足有方形、长方形、圆形、椭圆形，足上有花纹的，花纹或与器盖相应，或与器身相连。

器物两侧多有装饰性耳，分为几何形、兽首式和花蝶式。几何形耳有贯耳、朝冠耳、光素夔式耳、折带形耳，兽首式耳有象耳、羊耳、辟邪耳、龙耳、兽吞夔柱耳，花蝶式耳有菊花耳、牡丹耳、蝴蝶耳等，耳下多有柱，柱上带有活环。个别器物有四至六耳。一些器物盖上也带耳，且有活环，形成双重耳、双重环，但难见三重以上耳、环者。

3. 鼎、炉、簋、奁、熏

属于鼎炉类作品，一般较矮，直径较大，由于可用于插香，所以又称"炉"。明代仿古玉鼎、炉，以青白玉、青玉为主，有圆、方两类，圆炉多小兽吞耳、无盖，方炉多连口直环式耳。清代宫廷出现了很多碧玉作品，一为仿古样式，仿古代青铜器中的鼎、簋，亦有明确流行的时样，无耳者称为"奁"，意为盛物之奁盒；镂空者称为"熏炉"，或盖为镂空，或连器身都镂空。器多有盖，子母扣和，除龙纹钮外，其他盖钮多为嵌接，有几何钮、花钮、兽钮。足为圈足、如意足、小兽面足。

仿古簋、鼎多为圆形、方形，少量异型。矮足为主，变形兽面纹足、如意足、柱式足或饰蕉叶纹、扁夔式足。有盖者皆有钮，器钮多为榫接，玉器盖顶挖一椭圆孔，内里呈圆状，器钮有一反向钉子帽式椭圆榫，插入盖孔后旋转，将盖钮锁牢。钮一般略小，为几何形、花形、动物形。动物钮多为卧兽，有狮子、避邪、猛兽。器耳为花耳、蝶耳、变形辟邪耳、变形兽面耳、仿古簋耳、朝冠耳，以两侧双耳为多，亦见四耳活环、六耳活环。

炉瓶往往形成组合，以炉、瓶、盒加铜铲、著组合使用，称为炉瓶五事。《钦定大清通礼》卷一载："上帝幄内……炉瓶五事爵垫一。"故宫博物院现存炉瓶五事组合中，有较多碧玉作品。

4. 觥、匜、卣

为仿制的古代酒器，《诗经》有"举彼兕觥，万寿无疆"之句。所谓兕觥，学者释为用犀角制的酒杯，目前玉器中所见早期角形杯为广州象山西汉早期南越王墓出土玉角形杯，但非犀角形，而是牛角形。明代玉器中又有一批角形杯，应是仿汉代玉器，但所仿原件不得寻。玉觥多无盖，薄口，扁身，目前尚未见到碧玉作品。清代乾隆时期，宫廷制造了许多玉觥，其中一些体积很大，双臂难举，说明此类作品在当时已不是实用酒器，而是陈设品，其中就有碧玉作品。张丽端先生主编《宫廷之雅》录有刻乾隆《咏和阗绿玉龙尾觥歌》的碧玉觥，玉子形，椭圆截面，口部上下呈弧状，龙柄。

古代的玉匜杯，今日尚难见到，安徽博物馆藏有宋代作品，故宫博物院藏有明代作品，清代作品首推前述刻乾隆题诗碧玉司寇匜，清代宫廷多有此类玉匜杯，一般矮而长，较精致。

5．觚、爵

觚与爵是古代玉器中的重要器物，多用于祭祀，文献多有记载，但早期实物尚难确定。

明代，觚的使用剧增，许多明代室内陈设图中都绘有条案上摆放觚。在明清时期，觚是重要陈设品，还用于祭祀，《钦定大清会典则列》卷八〇有："三陵殿内陈设炉瓶五供。"所谓炉瓶五供，一般为炉一、觚二、烛台二。

6．佩、环、圭、扳指

故宫博物院藏有一批青白玉、白玉带有千字文序号及乾隆年制款的仿古玉佩，其中仿汉宜子孙佩和仿古斧式佩占有相当大的比例。前者有"宜子孙"或"长宜子孙"字样，镂雕，比较大，有孔，可悬挂。一些作品有书卷式匣，有乾隆小品书画。类似的有碧玉作品，但尚未发现有年款者。后者大致分为三类：一类两侧有栏，作品样式基本一样；一类为两侧平直的斧形，饰兽面或人面纹，已见有白玉、青玉、碧玉作品；一类长方形，上端凸起，似为旧玉改制。"火字七十五号"刻乾隆制诗"略加剪拂宛成佩"句，可知乾隆称此类作品为佩。故宫博物院还收藏有"地字二号"、"元字三号"碧玉仿古斧形佩。

元人《古玉图》把一件良渚文化风格玉器名为"蚩尤环"，清宫造此类玉环多件，且两环相套，可开可合，一些作品上有乾隆御制诗及乾隆年制款。其中有一些为碧玉作品。辘轳环是一种套环形佩，有方形，有圆形，形如"吕"字，可开合，元陶宗仪《南村辍耕录》记有此类器物，明高濂《遵生八笺》记："若指南人、蚩托轴……蚩牛环、螳螂钩、辘轳环、螭虮、蟠螭环……皆王侯舆服之饰也。"故宫博物院藏有"雍正年制"款作品，黑色玉，高光下透绿色，为墨碧玉。又有碧玉的三套环作品。

清代宫廷用玉圭多种，一为礼器，主要用于神像所持；二为仿古礼器，有大玉圭及与璧相连的圭璧，一些刻有乾隆御制《搢圭说》、《圭瑁说》；三为文玩珍品，有碧玉圭两面分别刻乾隆御制《搢圭说》、《圭瑁说》，又有仿宋人《三礼图》成组玉圭，还有刻乾隆年制款的碧玉小圭，应是仿明代服饰用品。

碧玉扳指，乾隆称其为"韘"，原为拉弓用具。清代作品为筒状，尺寸不一，一些作品上带有御制诗句，为佩带用品。

7．山子、玉屏、玉瓮

明代以前的玉山子造型较简单，以山石为主体，略有树木、动物或人物。清乾隆对玉山子的制作非常重视，讲究布局、气韵，细部的生动、自然、准确，称玉山子为"玉图"。制造时注意选图，以名作、名画或著名画家的设计为蓝本，作样审定后确定玉作坊，再行加工。宫廷制作了大禹治水图山子、会昌九老图山子、关山行旅图山子等一批大型作品，又有较多的碧玉作品，取得了相当高的艺术成就。

玉插屏、玉砚屏明代已流行，以镂刻锦地为风，图案与地子不相干系，且图案写意传情，了无文采。清代宫廷有较多玉屏，以碧玉为主，有碧玉屏风、碧玉挂屏、碧玉插屏、碧玉砚屏等。图案一改旧风，只描实景，不传写意，寓意境于景物间，近于写生白描，一些图案还有视平线及视点的高低变化，内容有动、静物写生，人物故事及诗句等。

清代宫廷档案中多有制造玉瓮的记载，故宫博物院现藏玉器中亦多有此器，按体积可分为大、中、小三类作品，现摆放于故宫博物院乐寿堂的玉云龙纹瓮属大玉瓮，中型玉瓮则有在库的碧玉云龙纹瓮、鱼莲童子纹瓮等。

8. 碗、盘、杯、洗、盒

玉制用品属耐久性珍贵材料作品，是高档消费品，自古有之，但现存元代以前作品数量很少，原因在于其材料贵重，加工复杂，容易摔碎。明代，玉用品明显增多，清代宫廷玉器中有大量的碧玉用品。这种现象出现的主要原因在于碧玉材料的大量供应，加工技术的进步及皇族对碧玉的喜爱。故宫现存碧玉作品中有较多的碗、盘、杯、执壶、勺、烛台、洗、盒等，其中各式各样的碧玉盒尤为醒目。

（二）款识

故宫博物院藏清代玉器，少量带有制造年款，可分为三类：

1. 乾隆前清代玉器款识

"大清顺治年制"款。极少出现。楷书，阴线，直线搭接或不搭接组成，线条两端尖、浅，中部宽、深。

"雍正年制"款。篆书，多为方正篆书，阴线，以直线、折线组成，极少弧线，线条粗细、深浅皆均匀，砣具砣出，四字双行竖排或四字竖排。

2. 乾隆朝玉器款识

主要有"乾隆年制"、"乾隆仿古"、"乾隆御玩"、"乾隆御用"、"乾隆精玩"，或四字双行竖排，或四字横排。"大清乾隆年制"，"大清乾隆仿古"、"大清乾隆御制"，或六字三行竖排，或六字单行横排。或为楷书、或为隶书、或为篆书，多为阴线划刻，很少有剔地阳文款。

3. 乾隆后清代玉器款识

碧玉作品年款主要见于嘉庆朝，有"嘉庆年制"、"大清嘉庆年制"、"大清嘉庆仿古"、"嘉庆御用"等，多为阴刻款。道光以后带年款的清代宫廷玉器，历朝都有，但数量很少。

七　清代玉器提倡艺术性，工艺水平提高

明代玉器制造有了很大发展，在继承宋元玉器写实风格的同时又有创新，形成了自己的风格。尤其是苏州一带，在明代晚期就已有很大的社会影响，出现了以陆子刚为代表的治玉大师，而且形成了收藏时作玉器的风气，并且影响到了清代治玉，这其中不仅有优良的成分，也存在不良艺术偏向。乾隆年间，民间玉器流入内廷，加之大内所存明宫遗玉，使乾隆颇有感触，他在《清高宗御制诗文全集·五集·题和阗玉螭夔壶》注中说："吴中玉工爱惜玉材，每就其形似制为新样，以质重可获厚利，意谓见巧而转近于俗。"亲自指导清宫玉器制作。

1. 反对极繁缛而益粗鄙的镂空，提倡镂雕适度

《高宗纯皇帝实录》卷一四五八载:（乾隆指出）"近来苏、扬等处呈进对象，多有雕空器皿……殊属无谓，试思盘碗均系储水物之器，炉鼎亦须储灰方可燃热，今皆行镂空，又有何用……"《清高宗御制诗文全集·五集·咏玉牛诗》中有："不肯务去疵类，又栽花镂叶，极繁缛而益粗鄙。"

乾隆的批评给那种奇异技巧的雕镂之风泼了凉水，使其发展的势头有所收敛，玉器雕镂的风格也有所改变，乾隆及其后的宫廷玉器中片状平面作品一般不用透雕细纹地子，立体作品中也很少见到极其疏朗的透雕花枝。

2. 强调作品的艺术性

乾隆斥一般设计为"俗"，在《高宗纯皇帝御制诗文全集·余集·题和阗玉如意诗》中曰："此如意琢海屋添筹等景于平面，虽意取吉祥祝愿而不免于时俗所尚，想亦结习难忘使然耳"，认为"时样颇嫌巧乃俗"，"自矜针巧而不知俗不可耐"。

从这里我们知道，乾隆所斥责的"俗不可耐"并非单指器物的形式，而包括

了题材及主题的表现。

在宫廷玉器制造中乾隆皇帝做了二件非常重要的事，一是以自己的艺术修养影响玉器的制造。宫廷玉器的制造多有乾隆的授意，重要作品的设计制造及成品的修改都要经他首肯；二是命宫廷画师参与玉器的设计。造办处画师金廷标、余省、姚文瀚等都曾参与宫廷玉器的设计。桐荫仕女图玉陈设等一批作品都是依据绘画作品设计的，使玉器制造的工艺水平和艺术水平有了极大提高。

3. 加工工艺的改进

乾隆朝玉器把中国古代玉器制造推向了最高点。乾隆重视玉器加工工艺对玉器艺术表现的影响，强调提高工艺水平，并指出了国内玉器加工与痕都斯坦玉器的差距，以使清代玉器加工工艺大幅提高，作品厚薄均匀，线条平直，根角利落，表面平滑，图案表现准确。另外，乾隆年间玉器加工技术也有很大的进步。《高宗纯皇帝御制诗文全集·三集·玉瓮联句有序》"甫六载而竣"句注"此瓮初付工琢……须二十年乃得，玉人有请用秦中所产钢片雕镂试之……阅六年而成程，工省十之七"。有学者言，其法使钢片旋若车床，用以掏堂，较管形钻掏堂之法进度快，孔圆且规矩，功效倍增，尤在制造圆膛器皿。

乾隆玉器中，大件器皿多为碧玉，技术的进步，对于大件碧玉作品的加工，起到了促进作用。

八　结语

清代宫廷玉器的制造取得了巨大的成就，各色玉料得到了充分的使用，尤其是碧玉作品，数量大，制造精，许多较大型的宫廷陈设品、日用品都是用碧玉制造的，所用材料除和阗产碧玉外，尚有产自于其他地区的碧玉，其中不乏玛纳斯产碧玉。清代宫廷玉器的制造，使中国古代玉器生产达到了顶峰。

Jasper wares from the Imperial Court of Qing Dynasty

Zhang Guangwen

Summary

Jade was believed to be auspicious by ancient Chinese. To declare his power, the first emperor of Qin Dynasty used jade from Lantian County, Shaanxi Province to make six official seals, the so called Cheng Yu Liu Xi. The dynasties afterwards followed the system of Qin Dynasty of declaring power by making different jade seals. Jasper is an important material for craft-making in China. In Ming Dynasty, Jasper had already had a very wide range of use. Typical jasper works of Ming Dynasty are a jade belt containing 20 pieces unearthed from a Ming tomb in Nanchang City, Jiangxi Province, another jade belt of only 9 pieces left unearthed from the tomb of Prince Zhu Youmu of Ming Dynasty in Nancheng County, Jiangxi Province, a belt hook unearthed from Ding Tomb in Beijing and belt plaques and cups collected by the Palace Museum. The materials all with their own characteristics used to make articles mentioned above are mainly from Xinjiang Autonomous Region of China. Materials for making jasper works of Qing Dynasty are also mainly from Xinjiang Autonomous Region. There are many jasper mines in Xinjiang Autonomous Region. Hetian and Manasi were the two important jasper sources in Qing Dynasty. Emperor Qianlong very often attributed jasper to Hetian in his poems, probably because jasper mines in Manasi were run by civilians at the time. Implicated by the case of Gao Pu, jasper mines in Manasi were ordered to shut down in the fifty-fourth year of Qianlong's Reign. Mines re-opened by the order of Emperor Jiaqing in the fourth year of his reign. Since then, mining has not been stopped in the county till now.

Throughout dynasty China, the use of jasper reached its highest point in Qing Dynasty. Whereas the Imperial Court of Qing Dynasty played a big role in the use of jasper. Currently, the Palace Museum has a collection of over one thousand pieces of jasper articles. Jasper is highly valued in Qing Dynasty of which imperial seals and albums were made. During Yongzheng's Reign, the court had already had a very wide use of jaspers. As a result, there were many records on jaspers made by Workshops of the Imperial Household Department. Even more jasper wares were monitored during Qianlong's Reign due to the Emperor's keen on jasper and the increased supply of raw materials.

Emperor Qianlong is the one who is very much fond of jasper. He loves emerald, too. His definition of jasper and emerald is alongside with the tradition of Ming Dynasty. First class jaspers were very much cherished by Emperor Qianlong. A good example is in 1763, upon obtaining a large jasper plate found in northern Xinjiang, he wrote a poem on the plate and then engraved it on the plate. The plate is now in the possession of the Palace Museum. It is bluish green, less transparent and evenly colored. Since then he wrote poems on different jasper items, such as bowl, Bi, finger stall, etc.

Instructions to the making of objects to be used in the imperial courts made by emperors of different dynasties were so many, but few were recorded. Only in Qing Dynasty, activities of emperors were recorded in very details. Since Emperor Qianlong was in power for 60 years, and he is not only interested in many kinds of arts, but also techniques, he should have made a great many instructions to or even directly involved in the making of all kinds of objects to be used in his imperial court. As to the making of jasper articles, he opposes excessive carving and advocates modest carving with an emphasis on the improvement of artistic of articles. Emperor Qianlong's instructions were well recorded by Workshops of the Imperial Household Department.

Jasper wares from the Imperial Court of Qing Dynasty were mainly for decoration and for everyday use as such: vases, pots, Zun vases, burners, cylindrical covered vessels, incense burners, Gong, low ewers, jars, beakers, wine containers, pendants, rings, finger stalls, flower receptacles, rock-shaped articles, urns, table screens, figures, animals, flowers and fruits, bowls, plates, cups, washers, boxes, etc. Large size jade wares of Qianlong Period are usually made of jasper.

图版目录

LIST OF PLATES

图版
PLATES

1

碧玉交龙钮"太上皇帝之宝"

清乾隆
高 15 厘米　面径 22.5×22.5 厘米

Jasper imperial seal of Tai Shang Huang Di Zhi Bao
with entwining-dragon-shaped knob
Qianlong Period, Qing Dynasty
Height 15cm top size 22.5×22.5cm

乾隆帝宝。交龙钮，满、汉文篆书"太上皇帝之宝"，四周阴刻乾隆御制《自题太上皇宝》诗。

"太上皇"之称谓出现甚早，据《史记》记载，汉高祖刘邦称帝后便尊其父为太上皇，以示崇敬。历代皇帝传位于太子，亦自称太上皇。历史上为太上皇者因授受之际的情况不同而境遇各异，但多数是受形势所迫勉强让位。通观中国历史，名副其实既有尊位又有权势的太上皇，恐怕非清代乾隆帝莫属。

乾隆六十年（1795 年）九月初三日，85 岁的乾隆皇帝召集皇子皇孙、王公大臣，宣布立皇十五子嘉亲王颙琰为皇太子，以明年为嗣皇帝嘉庆元年，届期归政。第二年新正，乾隆亲自举行授受大典，并下诏"……皇太子于丙辰正月上日即皇帝位。朕亲御太和殿，躬授宝玺，可称朕为太上皇帝"。这样，乾隆帝结束了长达 60 年之久的皇帝生涯，成为清代唯一也是中国历史上最后一位太上皇帝。

就在宣布传位颙琰之同时，乾隆也为即将到来的太上皇生活进行积极准备，同年九月二十八日他又传下谕旨："朕归政后，应用喜字第一号玉宝，刻太上皇帝之宝，即将御制《十全老人之宝说》镌刻作为太上皇册，用彰熙朝盛瑞。"此后，在乾隆皇帝授意下，内府工匠制作了不同质地多方太上皇帝之宝。而用喜字第一号御宝刻制的这方"太上皇帝之宝"是其中最大的一方，也是清代最大的皇帝御宝。

乾隆皇帝对此宝十分看重，一直将其放在寿皇殿御案上，成为太上皇帝身份的证物，是乾隆最为重要的宝玺之一，具有很高的历史价值。

自題太上皇

寶

由古來云太
上皇徽稱懿

號謂非當篆史
上皇帝有加太
上皇號之文在上
帝載尊當尊

號之取文加在上
時意皆繁尊崇當
實深所不文縟當
節取

2

碧玉交龙钮"古稀天子之宝"

清乾隆
高 10.8 厘米 面径 12.9×12.9 厘米

**Jasper imperial seal of Gu Xi Tian Zi Zhi Bao with
entwining-dragon-shaped knob**
Qianlong Period, Qing Dynasty
Height 10.8cm top size 12.9×12.9cm

乾隆帝宝。交龙钮,汉文篆书"古稀天子之宝",四周阴刻填金乾隆御制《古稀说》。

此宝制于乾隆四十五年(1780 年),是年乾隆 70 圣寿。稽诸史籍,"自三代以下帝王年逾七十者:汉武帝、梁高祖、唐明皇、宋高宗、元世祖、明太祖凡六帝"。但在乾隆看来,其中前四君均是不足为法的,余下的元世祖忽必烈和明太祖朱元璋虽为创业之君,于国于身皆有建树,但仍不乏"礼乐政刑有未遑焉"的遗憾。而把他自己看成是千古之中唯一年登古稀的英明君主。于是便镌刻了"古稀天子之宝"以纪念之,并作《古稀说》云:"余以今年登七袠,因用杜甫句

刻'古稀天子之宝'，其次章即继之曰'犹日孜孜'，盖予宿志有年，至八旬有六即归政而颐志于宁寿宫。其未归政以前，不敢弛乾惕。犹日孜孜，所以答天庥而励己躬也。"此时的乾隆还相当明智，虽自负但不自满。"夫由斯不自满，歉然若有所不足之意充之。以是为敬天之本，必益凛且明，勿敢或逾也。以是为法祖之规，必思继前烈，而慎聪听也"。他要做到"励慎终如始之志，以竭力敬天法祖，勤政爱民"。这才把"犹日孜孜"作为"古稀天子之宝"的副章相配使用。透过这方"古稀天子之宝"及其产生的背景，恰好反映出乾隆帝那种壮志未泯，雄心未已，励精图治而且是相当自负的精神状态。

3

碧玉交龙钮 "八徵耄念之宝"

清乾隆

高 11 厘米 面径 13×13 厘米

Jasper imperial seal of Ba Zheng Mao Nian Zhi Bao
with entwining-dragon-shaped knob
Qianlong Period, Qing Dynasty
Height 11cm top size 13×13cm

乾隆帝宝。交龙钮，汉文篆书"八徵耄念之宝"。四周阴刻乾隆御笔《八徵耄念之宝记》曰："予年七十时，用杜甫句镌'古稀天子之宝'，而即继之曰'犹日孜孜'，不敢怠于政也。蒙天眷佑，幸无大损，越于兹又浃旬矣。思有所以副八旬开袤之庆，镌为玺，以殿诸御笔，盖莫若《洪范》八徵之念。"附系黄色绶带。

观此文可知乾隆在80圣寿时镌刻此宝的原因。在刻治"八徵耄念之宝"之同时，又刻治"自强不息"玺作为副章，其用意也显而易见。

4

碧玉交龙钮"十全老人之宝"

清乾隆
高 15.3 厘米 面径 12.8×12.8 厘米

Jasper imperial seal of Shi Quan Lao Ren Zhi Bao with entwining-dragon-shaped knob
Qianlong Period, Qing Dynasty
Height 15.3cm top size 12.8×12.8cm

乾隆帝宝。交龙钮，汉文篆书"十全老人之宝"。四周阴刻填金乾隆御制《十全老人之宝说》。

"十全"指乾隆在位期间十次远征边疆的重大胜利。"十全者，平准噶尔为二、定回部为一、扫金川为二、靖台湾为一、降缅甸、安南各一，即今两次受廓尔喀降，合为十。"但到后来乾隆命刻此"十全老人之宝"时，却赋予了"十全"更多的内容。他在御制《十全老人之宝说》中讲到宝玺的制作及其原由："十全记既成，因选和田玉镌'十全老人之宝'，并为说曰：十全本以纪武功，而'十全老人之宝'则不啻此也。何言之？武功不过为君之一事，幸赖天佑，劫匌藏局，未加一赋而赋乃蠲四；弗劳一民而民收无万。祇或免穷黩之讥耳。若夫老人之十全，则尚未全也。盖人君之职，岂止武功一事哉？朱子曰：一日立乎其位，则一日业乎其官，一日不得乎其官，则一日不敢立乎其位。官者何？职之谓也。君子职不能尽言，况敢云尽其职乎？未尽其职，则'十全老人之宝'，不亦涉自欺与夸而增惭愧乎？然老人之十全，实更有奢望，不敢必以敬持天佑者。十全之武功，诚叨天佑矣。则十全之尽君职，或亦可以希天佑乎？夫适百里者半九十里，予今三年归政之全人，不啻半九十，而且如三十年之久矣。是以逮七十而系'犹日孜孜'以为箴，至八十而系'自强不息'以为勉，则此可必可不必。三年中敢不益励宵衣旰食之勤，益切敬天爱民之念，虔俟昊贶，或允臻十全之境，袓三年诚如三十年之远。幸何如之，企何如之，惕何如之。"可知乾隆制此宝，不仅是要显扬其十全武功，而且是要时时勉励自己尽君之全职，以实现其"千古全人"之夙愿。可以这样说，此宝既是乾隆的记功之物，也是他的自励之宝。

十全老人之寶說

十全記既成因選和闐玉鐫十全老人之寶並為說曰十全本以紀武功而十全老人之寶則不啻此也何言之武功不過為君之一事幸賴天佑劫劼藏局未加一賦而賦乃蠲四弗勞一民而民收無萬祇或免窮黷之

中廠不勤益不切歉天愛民之念惓惓昊昵或兄臻十全之境視三十年誠如之遠幸何如之企何如之惕何如之是為說也

乾隆癸丑仲春御筆

5

碧玉交龙钮"武功十全之宝"

清乾隆
高 9.6 厘米 面径 12.9×12.9 厘米

Jasper imperial seal of Wu Gong Shi Quan Zhi Bao with entwining-dragon-shaped knob
Qianlong Period, Qing Dynasty
Height 9.6cm top size 12.9×12.9cm

乾隆帝宝。交龙钮,汉文篆书"武功十全之宝"。四周阴刻乾隆帝《十全老人之宝说》御制文。

乾隆五十七年(1792年)八月二十二日,在热河避暑山庄准备行猎的乾隆帝接到征剿廓尔喀的大将军福康安的奏报和廓尔喀国王拉特纳巴都尔的降表,乾隆立即降谕允许其降顺,令福康安班师回朝。就在同一天,乾隆即兴写下了《廓尔喀拉特纳巴都尔遣使悔罪乞降,因许其请,命凯旋班师志事》的诗作,诗的最后一句为"竟得十全大武扬",这似乎是对其一生中所经历和指挥的对外和边疆地区诸多战事的总结。第二天,乾隆又乘兴写下了《十全记》的文章,记述了他在位期间为维护边疆安全,巩固政权统治而进行的战争,并把其中十次具有深远意义的重大胜利命名为"十全武功"。"十功者,平准噶尔为二,定回部为一,扫金川为二,靖台湾为一,降缅甸、安南各一,即今二次受廓尔喀降,合为十。"这就是乾隆晚年常常津津乐道,反复宣扬的"十全武功"的来历。在乾隆看来,这些战争并非穷兵黩武,而是有不得已用兵之苦心。十次重大战争的胜利,起到了靖边安民的作用,对乾隆而言同样有着非同寻常的意义。"今大功十成,此皆仰籁昊贶洪庥,十全扬武。自今惟愿内安外靖,与天下臣民共享升平之福"。此宝就是为了纪念乾隆帝的十全武功而特别刻制的。

碧玉云龙钮"四知书屋"宝

清乾隆
高 7 厘米 长 6.5 厘米 宽 3.5 厘米

Jasper imperial seal of Si Zhi Shu Wu with knob shaped like cloud and dragon
Qianlong Period, Qing Dynasty
Height 7cm   length 6.5cm   width 3.5cm

乾隆帝宝。云龙钮,汉文篆书"四知书屋"。

四知书屋位于避暑山庄淡泊敬诚殿之后,是召见王公大臣之所。康熙帝曾题"依清旷"匾悬于内檐,乾隆时又题"四知书屋"匾悬于外檐。关于"四知书屋"命名的含义,乾隆帝在其《四知书屋记》中有详尽的解释。"予之所谓四知者,盖引孔子《系辞》知微、知彰、知柔、知刚之意,内以正心,外以敕政,而更慎于用兵之际。……盖微,柔阴也;彰,刚阳也。阳动而阴静,动无不由静,彰无不由微,刚无不由柔。然而柔能制刚,微能掩彰,静能胜动,此又圣人扶阳抑阴之本义。正心敕政,以及用兵者,不可不深知"。以此作为修身养性,熙政诘戎之大法。

碧玉螭钮"三友轩"宝

清乾隆

高 8 厘米　长 4.1 厘米　宽 2.5 厘米

Jasper imperial seal of San You Xuan with hydra-shaped knob

Qianlong Period, Qing Dynasty

Height 8cm　length 4.1cm　width 2.5cm

乾隆帝宝。螭钮，汉文篆书"三友轩"。

三友轩位于紫禁城宁寿宫花园遂初堂后，建于乾隆三十七年（1772 年），乾隆四十一年（1776 年）竣工。轩三楹，西间西窗以紫檀镂雕苍松修竹梅树嵌玻璃夹扇，院中亦有松、竹、腊梅。三友轩室内所用家具，亦均以松竹梅为纹饰。是清宫极富特色的书室。

碧玉云龙钮"自强不息"宝

清乾隆
高 6.8 厘米　面径 3.2×3.2 厘米

Jasper imperial seal of Zi Qiang Bu Xi with knob shaped like cloud and dragon
Qianlong Period, Qing Dynasty
Height 6.8cm　top size 3.2×3.2cm

乾隆帝宝。云龙钮，汉文篆书"自强不息"。

乾隆五十五年（1790 年）以后刻治，作为"八徵耄念之宝"的副章，与之相配而用。"自强不息"出《周易》："天行健，君子以自强不息。"乾隆御制诗文中，曾多次提到关于此玺之情况。如《清高宗御制诗五集》卷五○中有："自强不息重铭志，归政乾乾待丙辰。"其注云："予即镌'八徵耄念之宝'，复副以'自强不息'，亦犹七旬时刻'古稀天子之宝'，副以'犹日孜孜'，皆铭乾惕之志也。"

碧玉辟邪钮"抑斋"组宝

清乾隆

"抑斋"玺：高 6.7 厘米 长 3.2 厘米 宽 1.9 厘米

"谨起居慎出令"玺：高 6.7 厘米 面径 2.6×2.6 厘米

"凛顾諟钦几微"玺：高 6.7 厘米 面径 2.6×2.6 厘米

Jasper imperial seals in series with fabulous-animal-shaped knob

Qianlong Period, Qing Dynasty

Height 6.7cm length 3.2cm width 1.9cm

Height 6.7cm top size 2.6×2.6cm

Height 6.7cm top size 2.6×2.6cm

乾隆帝宝。辟邪钮，汉文篆书"抑斋"、"谨起居慎出令"、"凛顾諟钦几微"。

抑斋有多处。故宫重华宫西庑浴德殿内匾曰"抑斋"，是乾隆为皇子居重华宫时，洁治西厢为书室而名。又乾隆《圆明园长春仙馆抑斋》诗注："长春仙馆，予为皇子时居也，颜书曰抑斋，与重华宫西厢同。"圆明园有二抑斋，一在含碧堂东楹，一在翠微堂之东。宁寿宫西路古华轩前东南隅亦有抑斋。

另外两方则是对"抑斋"题额立意的诠释。《清高宗御制文二集》卷一一中载：乾隆自谓"深居九重，暇余万几，宵衣旰食之际，左右史之职，废已久矣。夫谁与记之？而公府奏进己志，其能陈天命之艰，觖书漏之隐者，亦鲜焉。是在自谨其起居，自任其出令，以代左右史之职。凛顾諟，钦几微，以通公府之志。"又言为人君之抑之艰曰："斯其大者，至于一言之不谨，一事之不慎，其害将遗天下后世。呜呼！今日之抑之艰，岂昔日之抑之易所可相提并论者哉？"此"抑"之意，正可用"谨起居，慎出令；凛顾諟，钦几微"四言阐释之。亦是乾隆为自己制定的行为规范。

碧玉蹲龙钮"金昭玉粹"组宝

清嘉庆
"金昭玉粹"玺：高 7 厘米 长 4.5 厘米 宽 2.9 厘米
"金锡炼而精"玺：高 7 厘米 面径 4.5×4.5 厘米
"圭璧性有质"玺：高 7 厘米 面径 4.5×4.5 厘米

Jasper imperial seals in series with squatting-dragon-shaped knob
Jiaqing Period, Qing Dynasty
Height 7cm length 4.5cm width 2.9cm
Height 7cm top size 4.5×4.5cm
Height 7cm top size 4.5×4.5cm

嘉庆帝宝。蹲龙钮，汉文篆书"金昭玉粹"、"金锡炼而精"、"圭璧性有质"。

三方共贮于一紫檀木匣内。原存漱芳斋后之金昭玉粹。"金昭玉粹"为宫殿玺，另外二方则是对宫殿名称的诠释。"金锡炼而精"含意是金、锡共熔于一炉冶炼后才更精良。"圭璧性有质"则隐含以玉比德之意，圭、璧均为诸侯朝会、祭祀时所用符信玉器，各具其形，方圭圆璧本有其质性。

碧玉蹲龙钮"高云情"组宝

清嘉庆

"高云情"玺：高 7 厘米 长 4.5 厘米 宽 2.9 厘米

"阳春布德泽"玺：高 7 厘米 面径 4.5×4.5 厘米

"玉宇来清风"玺：高 7 厘米 面径 4.5×4.5 厘米

Jasper imperial seals in series with squatting-dragon-shaped knob
Jiaqing Period, Qing Dynasty
Height 7cm　length 4.5cm　width 2.9cm
Height 7cm　top size 4.5×4.5cm
Height 7cm　top size 4.5×4.5cm

嘉庆帝宝。蹲龙钮，汉文篆书"高云情"、"阳春布德泽"、"玉宇来清风"。

三方共贮于一紫檀木匣。"高云情"为宫殿玺，位于漱芳斋东室。另外两方则隐含"高云情"这一宫殿名称的取义。

碧玉交龙钮
"慈安端裕康庆皇太后之宝"

清同治
高 9.6 厘米 面径 12.85×12.85 厘米

Jasper imperial seal of Ci An Duan Yu Kang Qing Huang Tai Hou Zhi Bao with entwining-dragon-shaped knob
Tongzhi Period, Qing Dynasty
Height 9.6cm top size 12.85×12.85cm

慈安皇太后宝。交龙钮，满、汉文篆书"慈安端裕康庆皇太后之宝"。

此宝为同治时给慈安皇太后上徽号时所制作的徽号宝。慈安端裕皇太后，钮祜禄氏，广西右江道穆扬阿女，咸丰帝为皇子时即侍奉于潜邸。咸丰二年，被封为贞嫔，不久进封为贞贵妃，立为皇后。同治继位，被尊为圣母皇太后。曾在同治和光绪年间与慈禧皇太后一起两度垂帘听政，光绪七年崩逝。其徽号在同治和光绪年间累有叠加，同治继位时尊称皇太后，加徽号"慈安"，同治十一年同治大婚时又加徽号"端裕"，同治十二年同治皇帝亲政时又加徽号"康庆"。此宝就是同治十二年加"康庆"徽号时所制作的。

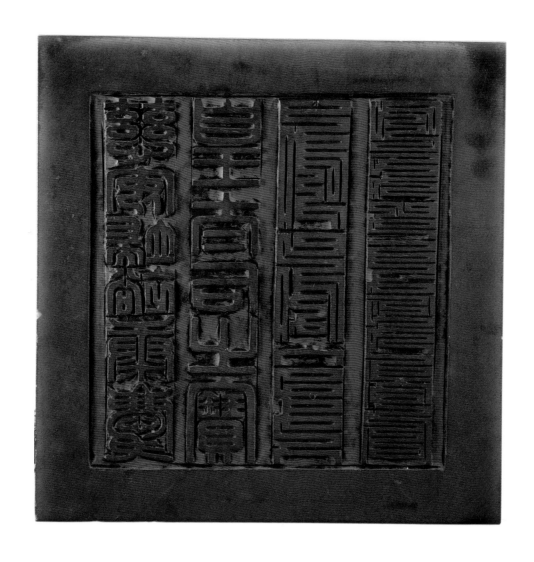

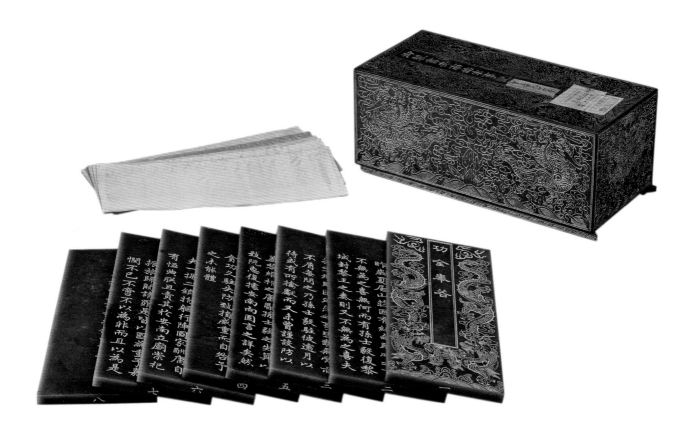

13

碧玉功全奉若册

清乾隆
长 21.9 厘米 宽 8.7 厘米 厚 0.8 厘米

**Jasper album with inscribed words by Emperor
Qianlong to conclude his force's action in Annan**
Qianlong Period, Qing Dynasty
Length 21.9cm   width 8.7cm   thickness 0.8cm

共 8 片。首片正面镌刻海水江崖双龙戏珠纹，双龙间为隶书"功全奉若"长方题签。末片背面镌刻云龙纹。其余各片刻楷书乾隆帝《御制书安南始末事记》御制文全文。文字和纹饰均填金。

紫檀阴刻填金海水江崖云龙纹罩盖匣盛装。

该文收录于《清高宗御制文三集》卷七，创作于乾隆五十四年年初，是乾隆皇帝对上一年清军出兵安南的总结和反省之作。

功全奉荅

14

碧玉正阳桥疏渠记册

清乾隆
长 22 厘米 宽 10.3 厘米 厚 0.8 厘米

Jasper album with inscribed words by Emperor Qianlong to memorize the canal renovation in the southern part of Beijing
Qianlong Period, Qing Dynasty
Length 22cm width 10.3cm thickness 0.8cm

共 10 片。首片正面及末片背面镌刻双龙戏珠纹，无签题。其余各片刻楷书乾隆帝《正阳桥疏渠记》御制文全文。文字和纹饰均填金。

紫檀木素面罩盖匣盛装，盖上有"御笔正阳桥疏渠记"长方题签。

该文收录于《清高宗御制文三集》卷八，主要叙述北京南城天桥以南至永定门天坛和先农坛外垣之间石衢两侧开挖疏渠，改造周边环境的过程。该工程是乾隆晚年对北京城市建设所进行的一项重要工程。

正陽橋疏渠記

正陽門外之石衢抵正陽
橋，之左右市鄽櫛比几
橋

15

碧玉四得论册

清乾隆

长 22.7 厘米　宽 11.7 厘米　厚 0.5 厘米

Jasper album with inscribed works by Emperor Qianlong

Qianlong Period, Qing Dynasty

Length 22.7cm　width 11.7cm　thickness 0.5cm

共 10 片。首片正面及末片背面镌刻双龙戏珠纹，其余各片楷书阴刻乾隆帝御制文《四得论》和《四得续论》全文。文字和纹饰均填金。

紫檀木浅浮雕云龙纹罩盖匣盛装，匣盖有"御笔四得论四得续论"题签。

四得論

昨自避暑山莊迴至御園之作有

憨愧德無稱四得之句盖引而未

發茲乃叙而論之

夫子思引孔子之言以爲位祿名

御製碑文墨於滄波奉勅恭摹勒石冊

萬臺灣之事曰於斯
天祐子衰命福康安海蘭察率百巴圖魯
以行及蘭精兵近萬亦發於斯而諸
臣沙重澤冒艱險屢戰屢勝不數月

文廟所為禮以義起非創實因且子更
有深幸於裹而滋懼於懷者子以古
稀望八之歲五十三年之間舉武功

天地眷獨厚近八旬之天子藏八事之
武功於古誠希示後有述使一事尚

社擴黄氏放得忙具陷近美竟
每為閱患託無寧息
皇祖一怒遂荒南東郡之縣我提封

怡波徑渡一日千里以遲燕速百舟
齊至
神祐之故馳救諸羣賊蜂擁列陣以

福康安智超謀深曰海蘭察勇敢獨
任三月成功勳揚古今既靖妖孽當
安黎庶善後事宜康安並付定十六

馬惟是敬勤勵以永年

16

碧玉平定台湾告成热河文庙碑文册

清乾隆
长 21.9 厘米 宽 8.7 厘米 厚 0.8 厘米

Jasper album with inscribed words by Emperor Qianlong
Qianlong Period, Qing Dynasty
Length 21.9cm width 8.7cm thickness 0.8cm

　　共 8 片。首片正面镌刻海水江崖双龙戏珠纹，双龙间为隶书"绩综知几"长方题签。末片背面镌刻云龙纹。其余各片刻楷书乾隆帝《御制平定台湾告成热河文庙碑文》御制文全文。文字和纹饰均填金。

　　紫檀阴刻填金海水江崖云龙纹罩盖匣盛装。

17

碧玉御制
平定廓尔喀十五功臣图赞序册

清乾隆
长 21.4 厘米 宽 8.4 厘米 厚 0.8 厘米

Jasper album with inscribed words by Emperor
Qianlong to commend 15 heroes
Qianlong Period, Qing Dynasty
Length 21.4cm　width 8.4cm　thickness 0.8cm

共 8 片。首片正面镌刻海水江崖双龙戏珠纹，双龙间为隶书"御制平定廓尔喀十五功臣图赞序"长方题签。末片背面镌刻云龙纹。其余各片刻楷书乾隆帝《御制平定廓尔喀十五功臣图赞序》御制文全文。文字和纹饰均填金。

紫檀阴刻填金海水江崖云龙纹罩盖匣盛装。

该赞序收录于《清高宗御制文三集》卷一六，是乾隆五十七年乾隆帝为表彰平定廓尔喀入侵西藏之乱的有功之臣而作。

御製平定廓爾喀十五功臣圖贊

序

廓爾喀畏威乞降歸順武成平定

御製平定廓爾喀十五功臣圖贊序

18

碧玉秀起堂诗册

清乾隆

长 20.9 厘米 宽 11.8 厘米 厚 0.7 厘米

Jasper album with inscribed poems on Hall Xiuqi by Emperor Qianlong

Qianlong Period, Qing Dynasty

Length 20.9cm   width 11.8cm   thickness 0.7cm

共 10 片。首片正面及末片背面镌刻双龙戏珠纹，其余各片刻楷书乾隆帝历年所作的有关秀起堂御制诗全文。文后署"乾隆岁次乙卯仲夏之月中浣御笔"款及"比德"、"朗润"小玺，并于空白处刻"乾卦"圆玺、"八徵耄念之宝"和"自强不息"二玺。文字和纹饰均填金。从字体看，该套玉册极有可能是依据嘉庆皇帝敬录乾隆皇帝的御制诗手稿刻制。

紫檀木匣座，匣盖已佚失。

擽乃欣山在底青縈碧邐指顧間縱目其表徹其裏是理
題秀起堂兩申
十巖葉態與枝姿總是畫堂秀起哥淺翠濃青資造化詩
裁畫格入神思觀應識自太古山遇欣於又一時每到
山莊斯搆桷欲因召秘迤吟之
題秀起堂已亥
往歲初來即有詩今年閱半月云遲巳因涉新景無暇更
恐攬陳迹惹悲佳慶豈終弗一到此時誰識有千思即看

四壁粘吟翰多是承
歡披菫詞
秀起堂有感庚子
到此年年有句留兹來那可恝然不風聲虛牖涼常度山
色空庭翠若浮隔嶂鹿鳴音未壯拂花蝶舞態偏柔題詩
四壁驗令昔待欲巡吟怯舉頭
題秀起堂辛丑
肩輿得得陟崔鬼片刻山堂亦到來七字詩情同夏永四
鄰晝趂共雲開超然自與他峯別美矣偏宜對席陪泑壁

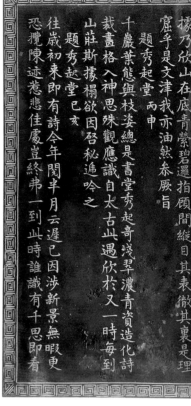

題榍新舊錯黌乎著句應重儓
題秀起堂士寅
西峪斯堂稱寀高不恒至廬衆人勞可無逸句酬超景却
異閒情著廣騷露潤風涼心曷慰林青坂綠意方豪自維
課雨量晴裏一歲舒眉得幾遭
題秀起堂癸卯
初到岡巒翠未披雨露督眼綠雲滋乾旋坤轉迆如是物
理人情率可思得戶入而原熟路倚窗坐亦不逾時巖花
潤葉爭芳處正是山堂秀起斯

秀起堂乙卯
堂雨諸凡覺不宜一霤到亦弗嬚遲麥原後結穗堪待末
正欵看苗怒披牆外農功觀遠近堂前山景俯參差拈臺
七字於何會恰是約呈秀起時
乾隆歲次乙卯仲夏之月中澣御筆

題秀起堂疊去歲韻 癸丑
秀起令年勝去歲甘膏早渥略廑過快晴巳定心差慰佳
景繞堪問若何林舞因風秀自繪峰標以日起予哦呭我
莫復志鄰滿敢忘前兹意怀多
題秀起堂甲寅
是詩必是詩斯誠鈔胥耳是詩非是詩又乘雅頌言豪坡
甫言半吾為閩全理然吾於斯堂歲吟秀起質以玉局
論合吾猶愧此

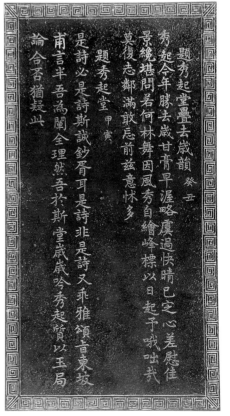

【上段右】
題秀起堂　壬午
去年西峪岾探尋山趣悠然稱我心搆舍取幽不取廣開
窗宜畫復宜吟諸峯秀起標高朗一室包涵悅靜深莫討
題詩緣創得崇情蓄久歇從今
秀起堂
碧嶺四圍全作障中峰秀起獨成堂窗間見鹿任眠跂林
下無禽不頡頏著色畫張楓葉紫宜時風送桂花香得詩
便擬肩輿去却笑勞勞有底忙
小憩秀起堂得句

【上段中】
得句肩輿去孤負誰看架上書
題秀起堂　壬辰
秀起不可孤坐來景實殊風前九夏冷雨後萬山濡縱目
無塵趣契心有道樞隨緣答五字亦豈費拈鬚
秀起堂　癸巳
四圍山色鬱蒼蒼秀起中央迴築堂今歲喜繞今日到昔
題多共昔年忘峯姿樹態張圖畫目擊心存伴縹緗習習
巖風拂檻相襟披夏五頃生涼
再題秀起堂

【上段左】
欲知秀起絕妙處興趣番番致弗同恰似饞饕渴飲者不
離動會靜觀中千章窗外巖林綠幾簇階前野卉紅迴占
嶺巔碧霄近咄哉大禹懃齗早宮
題秀起堂　甲午
西峪寂深且家高騁懷因迴得於韜故知蓄極發必勝亦
戒欲斯傲以豪一宇平臨白寮汎千林俯捲碧波濤古來
手筆多難斁惜彼拈吟未此遭
秀起堂　乙未
四鄰圍秀中岡起適有書堂搆於此興來頗覺路幽深床

【下段右】
秀起堂　甲辰
雲標西峪玉堂懸到此棲遲合瑟延不覺光陰又逾歲且
欣山水怡高年事雖縣埃心原靜目自遊兩意弗辜一雨
千林都秀起無為造物有為權
秀起堂　乙巳
巖磎再上佛多遙秀起山堂搆坦枒目見耳聞都遠俗心
怡神謐不期超雨時暘若辛今夏舊句前題似昨朝正爾
紓懷繾齊豫依然待澤為聲心焦
題秀起堂　丙午

【下段中】
翠華三日甫臨停日日都逢霡雨零昨夜東欣霈優渥塞
原遍喜潤畦町出遙不斬白雲白俯鑑全呈青嶂青萬景
秀起憑一時起廊風真簡棨褆靈
題秀起堂　丁未
懸居迴古聲諸峯表槁悠然萬景披舊句分明成偶歲
新題輻輳又今時陳言欲去渾難去理趣細思無射遠
望山田秀以起何可知吾意與如之
秀起堂　戊申
山不入深秀何得堂惟因迴起予吟一天寰宇碧無除五

【下段左】
月薰風披有襟過雨嶜磎留鹿跡知時叢越出蜩音欲
因深得迴搆書堂俯仰之間亦異常清悟如逢秀其向
言可作起予商霽掀林麓潤而澤籟拂紗窗爽不涼小坐
合茲心意適驛章陡問憶遐方
題秀起堂　庚戌
茂對歌解阜澗奏泠泠可代琴
題秀起堂　己酉
巖磎平坦弗嶔岑遠至山堂坐以臨昨過景光延似昨今
來明秀起從今靜為用故塵無染心寄虛斯物不侵夫既

19

碧玉嘉庆御笔太宗破明师于松山战书事册

清嘉庆
长 30.8 厘米　宽 21.4 厘米　厚 0.45 厘米

Jasper album with inscribed words by Emperor Qianlong and Jiaqing to memorize a war with Ming Dynasty in Songshan
Jiaqing Period, Qing Dynasty
Length 30.8cm　width 21.4cm　thickness 0.45cm

共 8 片。首片正面镌刻海水江崖双龙戏珠纹，双龙间为隶书"御笔辛巳岁我太宗大破明师于松山之战书事"长方题签。末片背面镌刻云龙纹。其余各片刻楷书乾隆帝御制文全文。文后署"嘉庆十年乙丑季秋月御笔"款及"嘉""庆"连珠印。文字和纹饰均填金。

紫檀木刻锦地纹罩盖匣盛装，内有硬板折合式织锦如意云头函套，木匣和函套表面均有"御笔辛巳岁我太宗大破明师于松山之战书事"题签。玉片叠放于函套内。

御筆辛巳歲我

太宗大破明師於松山之戰書事

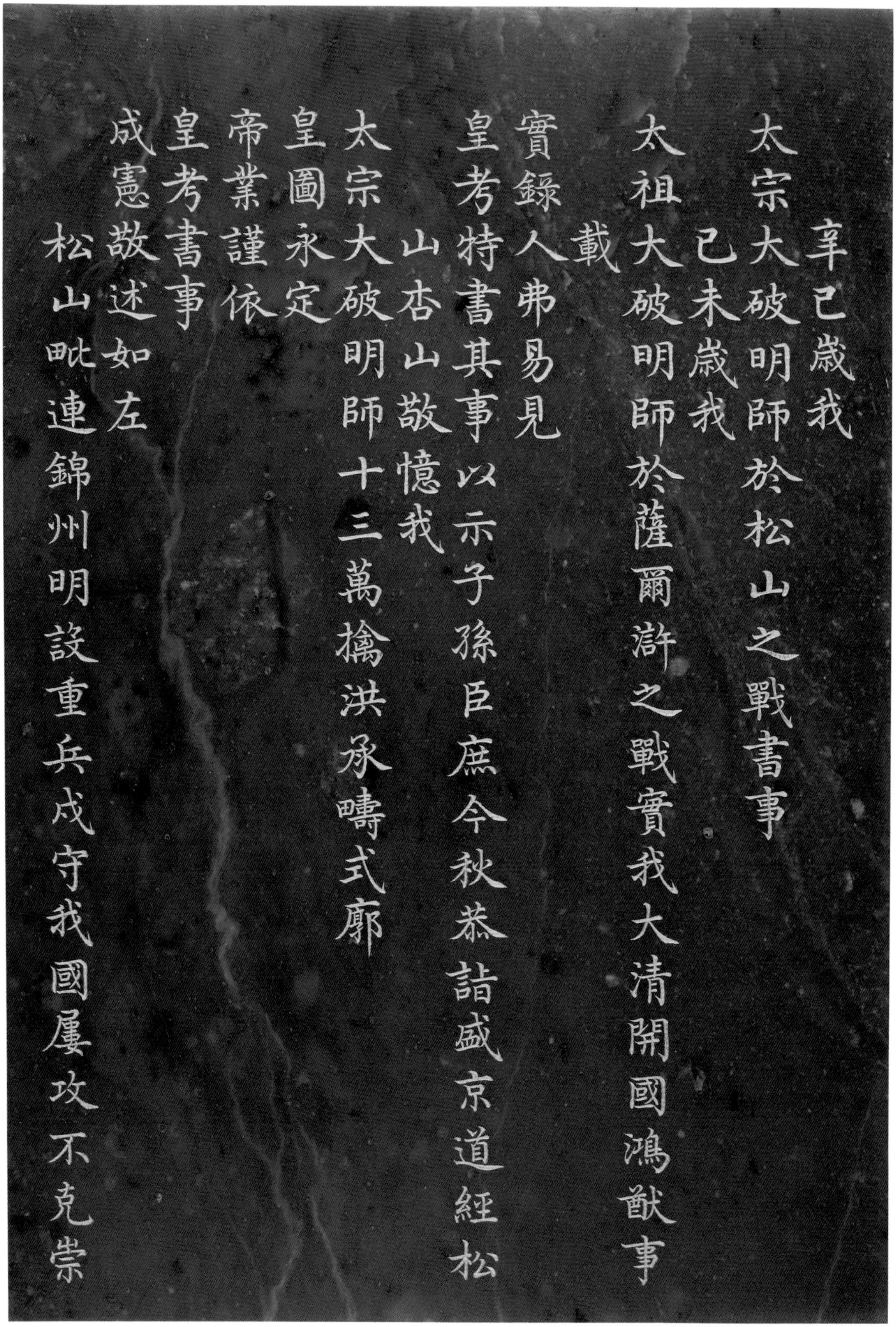
辛巳歲我
太宗大破明師於松山之戰書事
己未歲我
太祖大破明師於薩爾滸之戰實我大清開國鴻猷事
載
實錄人弗易見
皇考特書其事以示子孫臣庶今秋恭詣盛京道經松
山杏山敬憶我
太宗大破明師十三萬擒洪承疇式廓
皇圖永定
帝業謹依
皇考書事
成憲敬述如左
松山毗連錦州明設重兵戍守我國屢攻不克崇

20

碧玉嘉庆四年上高宗纯皇帝谥册

清嘉庆

长 28.7 厘米　宽 12.7 厘米　厚 1 厘米

**Jasper album with inscribed words in honor of
Emperor Qianlong**

Jiaqing Period, Qing Dynasty

Length 28.7cm　width 12.7cm　thickness 1cm

共10片。为嘉庆四年尊其父高宗纯皇帝谥号时所制。每片镌刻一至十顺序号，首片表面装饰描金云龙戏珠纹。册文镌刻满、汉两种文字。

谥册、谥宝是古代皇帝为前代帝后进谥号、庙号时所制之物。谥号，亦称"尊谥"，是后人据死者生前行迹给予的尊称，以褒扬其德行。谥法制度周代即已详备，并随礼乐制度的不断完善而日益更新，"卒哭而讳，将葬而谥"流行于社会各阶层。清帝尊谥先祖，始于皇太极，而玉册、玉宝之制则肇始于顺治朝。清代册、宝的形制、进奉、庋藏均有严格的规范和程序。

21

碧玉夔龙纹夔龙耳活环瓶

清

高 35 厘米　长 15.6 厘米　宽 5.1 厘米

**Jasper vase with rotatable rings attached to Kui-dragon-
shaped handles and design of Kui-dragons**
Qing Dynasty
Height 35cm　length 15.6cm　width 5.1cm

瓶敞口，颈中部内收呈弧状，两侧各一夔龙耳，
有活环。盝顶式盖，盖面饰夔龙纹。颈部浅浮雕相对
夔龙纹，腹中部一蝙蝠，其下为变形寿字，周边有四
组夔龙纹。

此瓶含福寿意，用等宽的凸线组成图案，工艺
精湛。

22

碧玉蟠螭纹三羊耳瓶

清
高 14.5 厘米　口径 3.4 厘米　腹径 6.2 厘米

Jasper vase with three handles in shape of ram head on shoulder and design of interlaced-hydras
Qing Dynasty
Height 14.5cm　mouth diameter 3.4cm　belly diameter 6.2cm

瓶细颈，圆腹，圈足。颈部一周排列三羊首，各带活环，瓶腹凸雕三螭，近足处有一周如意形花纹。附紫檀木座。

此瓶以三羊首寓三阳，含三阳开泰之意。《易经》有"正月为泰卦，三阳生于下"之句，三阳开泰有岁首吉祥之意。

碧玉菊瓣纹贯耳瓶

清
高 13.5 厘米 长 5.5 厘米 宽 3.2 厘米

Jasper vase with pierced handles and design of chrysanthemum
Qing Dynasty
Height 13.5cm length 5.5cm width 3.2cm

瓶扁柱式，直口，长颈，颈两侧各有一贯耳，椭圆形足。瓶腹上部一周如意云纹，下部一周菊瓣纹。附木座。

碧玉缠枝花纹梅瓶

清
高 24.1 厘米 口径 5.6 厘米 足径 8.7 厘米

**Jasper prunus vase with design of
interlocking flower**
Qing Dynasty
Height 24.1cm mouth diameter 5.6cm
foot diameter 8.7cm

瓶小口，口部有沿，短颈，高肩，腹部上宽下窄，
圈足。外壁饰凸起的缠枝花纹。附木座。

梅瓶是中国古代器皿的传统样式，宋代就已出现。
历代造型有所变化，一般上部较大，重心较高，瓶外
多以缠枝莲纹为图案。此瓶造型优美，瓶外浅浮雕大
花大叶的缠枝花图案，有很好的视觉效果。

25

碧玉龙凤纹瓶

清
高 15.8 厘米　长 20.5 厘米　宽 4.1 厘米

Jasper vase with dragon and phoenix design
Qing Dynasty
Height 15.8cm　length 20.5cm　width 4.1cm

瓶玉质纯正莹润，微透明，略有褐斑。由一扁瓶及一梅桩花插相连构成一连体器。扁瓶直口，长颈，颈部两侧出双夔耳。有盖，盖面卧伏一蟠螭，身一面雕火珠，另一面雕蝙蝠，一侧有一龙。梅桩花插椭圆形口，中空，有深孔。外凸雕一夔凤，口衔灵芝，回首与瓶上的龙相望，间有凸雕梅花及灵芝。设计极为精巧绝妙。

碧玉凫鱼纹壶

清乾隆
高 46.3 厘米 口径 14.8 厘米 足径 14.1 厘米

Jasper pot with design of wild ducks and fish
Qianlong Period, Qing Dynasty
Height 46.3cm mouth diameter 14.8cm foot diameter 14.1cm

壶玉局部黄色。自口至器腹由五道略下凹之宽弦线分割成五个纹饰带，分别为乾隆御制诗、变形夔龙纹、雷纹及两周凫鱼龟纹。凫、鱼、龟上下两两组合，相间左右排列。上下两周纹饰图案组合错开排列，于单调中寓变化，于变化中见规律，颇具匠心。壶肩两侧及一面器腹凸雕兽面衔活环。足部饰阴刻绳纹一周。壶底镌刻"大清乾隆仿古"三行竖排六字隶书款。

器口镌刻乾隆帝御制诗《咏和阗玉凫鱼壶》："和阗绿玉尺五高，缠头岁贡阗以包。玉人琢磨精厘毫，汉铜凫鱼壶制标。鱼泳凫翔围腹腰，不惟其肖其神超。父巳（商）丙辰（周）相为曹，事不师古厥训昭。无能掷山学神尧，热海砂砾闲弃抛。来宾蔰拂成珍瑶，席上之珍何独遥。乾隆壬午季夏御题。"末署"德充符"阴文印。乾隆壬午为乾隆二十七年，即 1762 年。

由乾隆御制诗可知，本品仿《西清古鉴》所录青铜凫鱼壶所制。青铜凫鱼壶流行于两周之际。乾隆十四年（1749 年）下旨修撰《西清古鉴》，将内府所藏商、周至唐 1529 件青铜器悉数绘图并详加考释，成为清代仿古玉器的重要模仿对象。传世清宫旧藏玉器中，不少即直接以此书所录青铜器为蓝本。乾隆御制诗有两首咏及玉凫鱼壶，除本器所镌外，另一首为作于乾隆五十六年（1791 年）的《题和阗玉汉凫鱼壶》。故宫旧藏凫鱼壶现亦有两件。本品器形硕大，较另一件高近 20 厘米。

27

碧玉兽面纹兽耳活环壶

清乾隆
高 24.3 厘米 口径 7.6×7.6 厘米 足径 8×7.6 厘米

Jasper pot with rotatable rings attached to animal-shaped handles and design of animal masks
Qianlong Period, Qing Dynasty
Height 24.3cm mouth size 7.6×7.6cm foot size 8×7.6cm

壶玉含细小的黑点,局部略有白斑。方口、足,身两侧凸雕兽面衔活环耳,附盖。平盖顶上浅浮雕四兽面纹,斜面雕垂云纹,四角凸雕带尾的圆环饰。颈部雕俯仰蕉叶纹,中间饰云带纹。腹部四面雕变形兽面纹及云头纹,近足处为云形纹。足底中部镌"大清乾隆仿古"三行竖排六字隶书款。

碧玉八宝纹兽耳活环壶

清乾隆
高 30.7 厘米　长 22 厘米　宽 8.5 厘米

Jasper pot with rotatable rings attached to animal-shaped handles and design of the Eight Auspicious Symbols
Qianlong Period, Qing Dynasty
Height 30.7cm　length 22cm　width 8.5cm

壶扁体，椭圆口，短颈，两侧各有一兽耳，下有活环，腹前、后两面圆形，椭圆形圈足。椭圆形盖，镂雕蟠龙纹钮，周边饰八宝纹。腹两面花纹相同，中部浅浮雕番莲一朵，瓶底阴刻隶书"大清乾隆仿古"横排六字款。

八宝，又称"八吉祥"，是佛家用来象征吉祥的八种物品，包括法轮、法螺、宝伞、华盖、莲花、宝瓶、福鱼、盘肠。

碧玉兽面纹兽耳活环壶

清
高 32.5 厘米
口径 11.3×7.3 厘米　足径 11.3×7.3 厘米

Jasper pot with rotatable rings attached to animal-
shaped handles and design of animal masks
Qing Dynasty
Height 32.5cm
mouth size 11.3×7.3cm　foot size 11.3×7.3cm

　　壶扁体，直口，颈两侧各有一兽耳，挂活环，腹扁宽，长方形圈足较高。盝顶式盖，盖面饰变形蝉纹，盖沿、口沿饰回纹，颈饰变形蝉纹。腹上部浅浮雕一周鸟纹，中部兽面纹，腹侧面亦饰兽面纹，下部如意式开光一周 12 个，内有双鱼。足饰三角纹，足沿饰回纹。底刻"大清乾隆仿古"六字款。

　　此壶纹饰多样复杂，雕琢精致。

碧玉蕉叶兽面纹出戟觚

清乾隆
高 13 厘米 口径 8.5 厘米 足径 3.6 厘米

Jasper beaker with design of banana leaves, animal masks and ribs
Qianlong Period, Qing Dynasty
Height 13cm mouth diameter 8.5cm foot diameter 3.6cm

觚撇口，圆柱形，小圈足。四出戟，饰蕉叶纹，中部略扁，饰兽面纹，下部外撇，饰蕉叶纹，足内刻隶书"大清乾隆仿古"横行款。

觚取法商、周青铜酒器觚之造型。目前所知最早的玉觚见于明代。清代流行以玉觚为案头陈设，其内常插如意、小戟、花卉以为饰；或用作供器。质地以墨玉、青玉多见。此觚较小，似为五供——双觚、双烛台、香炉中的组件。

碧玉蕉叶兽面纹出戟觚

清
高 23.9 厘米　长 12.9 厘米　宽 9.5 厘米

Jasper beaker with design of banana leaves, animal masks and ribs
Qing Dynasty
Height 23.9cm　length 12.9cm　width 9.5cm

觚长方柱形，四角及四面中部出戟，戟为钉帽式。口沿饰回纹，通体出戟，上、下部饰蕉叶纹，中部四面饰兽面纹。

32

碧玉蕉叶兽面纹出戟觚

清

高 32 厘米　长 15.3 厘米　宽 10.8 厘米

Jasper beaker with design of banana leaves, animal
masks and ribs
Qing Dynasty
Height 32cm　length 15.3cm　width 10.8cm

觚玉色均匀，长方柱形。口沿饰回纹一周，通体
出戟，上部饰蕉叶纹八组，中部四面饰兽面纹，下部
也饰蕉叶纹。附木座。

33

碧玉蕉叶兽面纹出戟觚

清

高 28.5 厘米 长 14.4 厘米 宽 14.4 厘米

Jasper beaker with design of banana leaves, animal
masks and ribs
Qing Dynasty
Height 28.5cm length 14.4cm width 14.4cm

觚玉中含较多的青色斑。仿古样式，方柱形，口
外撇，颈部较长，腹四面微凸，如鼓。口饰回纹一周，
颈饰蕉叶纹，通体角线及中部出戟，戟柱如钉帽，腹
饰凸起的兽面纹，下部也饰蕉叶纹。

34

碧玉兽面纹觚

清

高 20.2 厘米 口径 13 厘米 足径 7.5 厘米

Jasper beaker with design of animal masks
Qing Dynasty
Height 20.2cm mouth diameter 13cm foot diameter 7.5cm

　　觚玉有浅色长条斑及墨斑。全器分三截黏结而成，
表面等距出四组垂直花叶形凸棱。腹浮雕变形兽面纹，
口、足表面浮雕仰、俯花叶图案。

　　本觚器壁十分莹薄，花叶造型极富欧式风格，略
具印度莫卧儿王朝玉器特征。然图案雕琢刀锋外露，
线条虽婉转回环，抚之却棱角分明，毫无圆润、光滑
之感，是在中国传统造型、装饰基础上，杂糅西方纹
饰和工艺特点的混合之作。

35

碧玉兽耳活环瓜棱式觚

清
高 29 厘米 口径 14.1×8.2 厘米 足径 8.2×6.2 厘米

Jasper melon-shaped beaker with rotatable rings attached to animal-shaped handles
Qing Dynasty
Height 29cm mouth size 14.1×8.2cm foot size 8.2×6.2cm

觚柱状，瓜棱形，四瓣海棠花口、足，兽首衔活
环双耳。通体光素，玉质莹润，打磨光洁。附木座。

36

碧玉象耳活环出戟尊

清乾隆
高 31 厘米　长 19.5 厘米　宽 10.7 厘米
口径 12.3×8.7 厘米　足径 9.8×6.2 厘米

Jasper Zun vase with rotatable rings attached to elephant-shaped handles and design of ribs
Qianlong Period, Qing Dynasty
Height 31cm　length 19.5cm　width 10.7cm
mouth size 12.3×8.7cm　foot size 9.8×6.2cm

尊直口，双象耳，下有活环，体略扁，四面出戟，圈足。前后两面较宽，饰三重纹饰，最下层为阴线兽面纹。一面上口部凸雕一蟠螭，腹部饰螭凤纹；另一面颈部凸雕一螭，腹部浅浮雕双夔凤，其上又凸雕一螭。尊口下刻御制诗句："琢玉作今器，范铜取古型，俗嫌时世样，雅重考工经，虽匪金银错，依然螭象形，酒浆原弗贮，只备插花馨。乾隆壬寅春御题"。阴刻"古香"、"太卜"二方印。器足内刻"大清乾隆仿古"三行竖排六字隶书款。

此作品为仿古样式，花纹复杂，有较多变化，是很好的陈设品，据诗文可知，可备以插花。

碧玉弦纹兽耳活环尊

清

高 9.2 厘米　口径 2.9 厘米

腹径 6.5 厘米　足径 3.7 厘米

Jasper Zun vase with rotatable rings attached to animal-shaped handles and design of string in relief

Qing Dynasty

Height 9.2cm　mouth diameter 2.9cm　belly diameter 6.5cm

foot diameter 3.7cm

尊直口，长颈，颈肩两侧各有一兽吞耳，下有活环，球形圆腹，圈足外撇。器腹部凸雕一周弦纹，器底阴刻"大清乾隆年制"三行竖排六字楷书款。附木座。

此尊仿战国青铜壶造型，玉材似青铜之色，颇具光泽，造型准确，制造精致，是仿古精玩之作，可用于陈设。

碧玉兽耳活环瓜棱式罐

清

高 22.2 厘米 口径 7 厘米 腹径 12.2 厘米 底径 7 厘米

Jasper melon-shaped jar with rotatable rings attached to animal-shaped handles
Qing Dynasty
Height 22.2cm mouth diameter 7cm belly diameter 12.2cm
bottom diameter 7cm

罐八瓣瓜棱式，圆口，平底略内凹。双层圆形花瓣式盖，花蕾式钮。颈肩两侧各有一兽耳，下有活环。颈下有一周如意形开光，开光内凸雕小花。

39

碧玉瓜蝶纹罐

清

高 23 厘米　口径 7 厘米　足径 7.1 厘米

Jasper jar with design of melon and butterfly
Qing Dynasty
Height 23cm　mouth diameter 7cm　foot diameter 7.1cm

罐玉有墨斑。双层圆形花瓣式盖，花蕾式钮。通体浮雕错落有致的瓜、叶、藤蔓、蝴蝶为主题纹饰，其上下各饰一周如意云头间忍冬图案。器肩对称装饰二浮雕蝴蝶。器底阴刻隶书"乾隆年制"四字款。

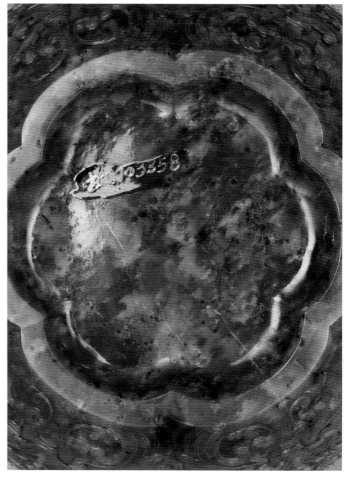

40

碧玉番莲纹瓜棱式罐

清
高 11.5 厘米　长 13 厘米

Jasper melon-shaped jar with passion flower design
Qing Dynasty
Height 11.5cm　length 13cm

罐六瓣瓜形，平底凹足。薄片式盖，镂雕瓜藤式钮。外壁凸起部分饰番莲纹，凹槽中饰叶纹。

《诗经·大雅》有"绵绵瓜瓞"之句，后人多用瓜叶藤以示生命延续不断。此罐既可用于陈设，亦可实用。

41

碧玉番莲纹瓜棱式罐

清
高 11 厘米 口径 8.6 厘米 腹径 12.2 厘米

Jasper melon-shaped jar with passion flower design
Qing Dynasty
Height 11cm mouth diameter 8.6cm belly diameter 12.2cm

罐六瓣瓜式，器身较矮。六瓣花形盖，镂雕藤、叶、瓜式钮。外壁凸起部分饰番莲纹，凹槽中饰叶纹。附六瓣式木座。

碧玉夔龙纹兽耳簋式炉

清乾隆
高 17.6 厘米 口径 23.1 厘米

**Jasper Gui-shaped burner with animal-shaped handles
and design of Kui-dragons**
Qianlong Period, Qing Dynasty
Height 17.6cm mouth diameter 23.1cm

炉玉有黑斑。圆形，身两侧各有一兽首吞夔龙耳，附盖。盖饰回纹锦地，其上浅浮雕夔龙四只，两两相对。盖沿、口沿处各饰回纹一周，腹部饰阴线锦地纹，两面各饰一组相对的夔龙纹。器底阴刻"大清乾隆仿古"三行竖排六字隶书款。

碧玉螭纹兽耳活环炉

清乾隆
高 10 厘米 长 10 厘米 宽 6.5 厘米

Jasper burner with rotatable rings attached to animal-shaped handles and design of hydra
Qianlong Period, Qing Dynasty
Height 10cm length 10cm width 6.5cm

炉方柱式，四角为柱形，两侧各有一兽耳，耳下有环。四足，有盖。盖面四凸起，每一凸起上雕双螭纹，每一柱上雕四夔龙首。器底阴刻"大清乾隆仿古"三行竖排六字隶书款。

44

碧玉寿字螭龙纹兽耳活环炉

清

高 13.5 厘米　长 14 厘米　宽 9 厘米

Jasper burner with rotatable rings attached to animal-
shaped handles and design of Chinese character Shou
and hydras

Qing Dynasty

Height 13.5cm length 14cm width 9cm

炉方形，四柱式，两侧各一兽吞耳，有活环。四
方圆角盖，盖面四凸起，中部镂雕蟠龙钮。四圆形小足。
器壁薄而均匀。盖面饰螭纹，腹上部饰带状身夔龙，
每面 13 螭龙首，龙身交叉。四柱下部各有三个变形
蝉纹，两柱间有一"寿"字。

45

碧玉兽面纹双耳出戟炉

清

高 21.5 厘米 长 13 厘米 宽 9.5 厘米

Jasper burner with handles and design of animal masks and ribs

Qing Dynasty

Height 21.5cm length 13cm width 9.5cm

炉方形，口沿上有双环式耳，四柱式足。方形盝顶盖，镂雕蟠龙钮。盖面饰四个兽面纹，炉腹八出戟，上部一周变形夔兽纹，下部饰兽面纹，每面一组。附木座。

46

碧玉寿字兽面纹朝冠耳出戟炉

清

高 18.5 厘米 长 12.1 厘米 宽 10.3 厘米

Jasper burner with court-hat-shaped handles and
design of medallion of Shou, animal masks and ribs
Qing Dynasty
Height 18.5cm length 12.1cm width 10.3cm

炉方形口内敛，口两侧有朝冠耳，兽吞式四足。
盝顶式盖、钮。盖四面镂雕团寿字图案，炉腹八出戟，
四面各饰一兽面纹。

47

碧玉兽面纹朝冠耳出戟炉

清

高 16.3 厘米　长 15.3 厘米　宽 6.8 厘米

Jasper burner with court-hat-shaped handles and
design of animal masks and ribs
Qing Dynasty
Height 16.3cm　length 15.3cm　width 6.8cm

炉长方形，两侧有朝冠式耳。盝顶式盖，上接蟠
龙钮，四兽吞柱式足较高。盖、身均六出戟，盖面饰
夔龙纹，腹前后两面为兽面纹，侧面小云纹。

48

碧玉兽面纹象耳活环炉

清

高 17 厘米　长 14 厘米　宽 9.4 厘米　口径 8.8 厘米

Jasper burner with rotatable rings attached to elephant-shaped handles and design of animal masks

Qing Dynasty

Height 17cm　length 14cm　width 9.4cm

mouth diameter 8.8cm

炉圆形，口略敛，两侧各一象首耳，下有活环，三柱式足。盖较高，镂雕蟠龙钮，面饰两组兽面纹。腹前后两面饰兽面纹。附木座。

49

碧玉兽面纹出戟朝冠耳炉

清
高 15 厘米　长 22.5 厘米　宽 18 厘米

Jasper burner with court-hat-shaped handles and
design of animal masks and ribs
Qing Dynasty
Height 15cm length 22.5cm width 18cm

炉仿古样式，圆形，两侧各一朝冠耳，三兽吞式足。圆盖，莲瓣纹环式钮，盖面饰两组兽面纹。盖、腹银锭式六出戟，腹部饰兽面纹。

碧玉番莲纹朝冠耳炉

清

高 16.5 厘米　长 17.5 厘米　宽 13.5 厘米

Jasper burner with court-hat-shaped handles and design of passion flowers
Qing Dynasty
Height 16.5cm　length 17.5cm　width 13.5cm

炉圆球形，口略小，两侧各一朝冠耳。圆盖，中心花形钮，三叶形足。盖面饰三瓣花，炉肩凹进花瓣31 个，腹两面各有三个凸起的花形饰，花心嵌饰缺失，花周围有番莲纹。

此炉仿痕都斯坦玉器风格。

51

碧玉缠枝莲纹兽耳活环炉

清
高 15.5 厘米 长 21 厘米 口径 11.5 厘米

Jasper burner with rotatable rings attached to animal-shaped handles and design of interlocking lotus
Qing Dynasty
Height 15.5cm length 21cm mouth diameter 11.5cm

炉圆形，两侧各有一兽首式耳，耳下有活环，圈足较高，下部外撇。高型盖，镂雕蟠龙钮，环钮有八个凸起的花蕾，盖面饰缠枝莲纹。盖沿、口沿饰回纹，腹两面凸雕六朵莲花，表面浅浮雕缠枝莲纹，足外饰八朵莲花，足沿饰回纹。

52

碧玉夔龙纹花耳活环炉

清

高 11.5 厘米　长 16.5 厘米　口径 11.2 厘米

Jasper burner with rotatable rings attached to chrysanthemum -shaped handles and design of Kui-dragons

Qing Dynasty

Height 11.5cm　length 16.5cm　mouth diameter 11.2cm

炉圆形，两侧各一菊花耳，活环，圆足。高型盖，盖顶处凸起镂雕缠枝牡丹纹钮，盖面雕一周浅浮雕牡丹枝叶纹。盖沿、口沿饰回纹，腹部浅浮雕方折夔龙纹，下部近足处一周如意纹。

此炉盖面、双耳、腹花纹各不相同，似故意设计，又似器盖错配，有待进一步研究。

53

碧玉莲瓣兽面纹炉

清

高 11.2 厘米 长 14.5 厘米 宽 11.5 厘米

Jasper burner with design of lotus petal and animal masks
Qing Dynasty
Height 11.2cm length 14.5cm width 11.5cm

炉圆形，两侧各一兽吞耳，圈足。圆盖，莲花式钮，盖面饰莲瓣纹。口沿下一周云雷纹，前后两面各有一小兽面纹，足外一周云雷纹。附木座。

此炉盖与器身纹饰风格不统一，可能制造后重新搭配。

54

碧玉番莲纹朝冠耳塔式炉

清

高 28 厘米　口径 11.1 厘米

Jasper tower-style burner with court-hat-shaped
handles and design of passion flowers
Qing Dynasty
Height 28cm　mouth diameter 11.1cm

炉深色碧玉制。分炉身和罩两部分。罩顶为六坡屋脊形，脊下各悬白玉铃一，葫芦式盖钮。盖下为筒式罩，壁面开光内镂雕番莲纹。朝冠式炉耳，炉口装饰弦纹数周，腹浅浮雕番莲纹。腹下等距高浮雕三兽首，口含兽足。

此为大型香炉样式。可用作陈设，炉内放香料，香气从镂雕炉罩内溢出。亦可用作熏炉。

55

碧玉兽耳活环出戟熏炉

清

高 13.4 厘米　口径 22.5 厘米　足径 10.5 厘米

**Jasper incense burner with rotatable rings attached to
animal-shaped handles and design of ribs**
Qing Dynasty
Height 13.4cm　mouth diameter 22.5cm　foot diameter 10.5cm

熏炉玉深绿色局部有黑斑点。全器分为器盖和器身两部分。盖面镂雕变形兽面纹，盖顶回纹和莲瓣纹各一周，口沿为莲瓣纹一周，僧帽式盖钮。器身为宽折边口，镂雕莲瓣式云头纹花边，周身外凸雕五出戟，相间凸雕五兽面，上套活环。

此熏炉器形较大，做工相当繁复，但于厚重中见灵巧，雕镂精致，既可实用，又可陈设。

56

碧玉兽面纹兽耳活环熏炉

清

高 18 厘米　长 20.9 厘米　口径 17.2 厘米

Jasper incense burner with rotatable rings attached to animal-shaped handles and design of animal masks
Qing Dynasty
Height 18cm　length 20.9cm　mouth diameter 17.2cm

熏炉圆形，双兽耳活环，高型盖，圈足较高，下部外撇。器身壁较厚，均匀。盖面四开光内透雕莲花纹并八宝纹，开光间亦透雕莲花纹，中心镂雕蟠龙钮。腹两面凸雕兽面纹。附木座。

57

碧玉荷莲纹熏炉

清
高 22.1 厘米　口径 27.7 厘米

Jasper incense burner with lotus design
Qing Dynasty
Height 22.1cm　mouth diameter 27.7cm

熏炉折沿口，高型盖，凸雕三兽首足。口沿浮雕缠枝花卉纹，内外壁均光素。盖镂雕变形缠枝荷莲纹，盖顶周饰 12 朵云纹，双层圆形平台托起莲花形盖钮，莲瓣分上下两层，以一周圆珠纹相间隔。向上的双层莲瓣托起一莲蓬，莲蓬上雕七颗莲子，以中心一颗、周六颗排列。

58

碧玉角端式熏炉（一对）

清

高 35.5 厘米　长 24 厘米　宽 16.5 厘米

高 42 厘米　长 24 厘米　宽 16.5 厘米

Jasper incense burner in shape of auspicious animal　(pair)

Qing Dynasty

Height 35.5cm　length 24cm　width 16.5cm

Height 42cm　length 24cm　width 16.5cm

熏炉甪端形，由头、身两部分套合而成，中空。甪端张口吐舌，昂首而立，下承鎏金铜座。

甪端是古代神话传说中的异兽，能作人语，出则天下太平。至晚明开始，室内开始出现玉质甪端式香具，清代依然流行。清代玉甪端分大小两类。大者陈于皇帝御座两侧，以示帝王之威仪，为礼仪性陈设。小者安置于宫寝之内，为普通的日用之器。香料通常放于器身之内，香气自张开的大口中飘出。

碧玉云龙纹香亭（一对）

清
高 76.4 厘米 径 12.8 厘米

Jasper tower-shaped incense burner with design of cloud and dragon (pair)
Qing Dynasty
Height 76.4cm diameter 12.8cm

香亭由三部分组成，上部为铜质镀金亭阁式顶盖，中间为碧玉圆筒，下部为铜胎须弥式底座。筒身镂雕云龙纹。

香亭为一对，置于宝座前左右两侧。每当皇帝升座时，香亭内点燃檀香，香烟从香筒的孔洞中冒出，造成香烟缭绕、香气宜人的神秘氛围。座下群臣都能闻到香气，喻皇恩浩荡、垂及万民之意。

60

碧玉松桃人物图香筒（一对）

清
高 23 厘米 口径 5.3 厘米

Jasper incense holder with design of pine, peach tree and figures (pair)
Qing Dynasty
Height 23cm mouth diameter 5.3cm

香筒圆筒形，玉质莹润通透。题材与纹饰均相似。上下筒口及近底处分别饰回纹一周。通体采用深浮雕与镂雕的工艺，刻松树、桃树、桑树、山石、楼阁及人物。4 人行走于山间，两人一组，或为手持书卷的书生、或为肩扛锄头的农夫。

玉香筒为清代宫中陈设用品，有较大型的，也有小型的。这种小型香筒于清代乾隆时期为多，主要用于文房中，或立于香案之上。纹饰以山林楼阁为主，并衬以各种人物。多镂空雕刻，用以熏香，有的还配有各种质地的盖和底座。此对香筒纹饰清晰、层次分明、比例适度，人物造型生动，极富立体感。

碧玉牡丹纹花耳香熏

清

高 9.8 厘米 口径 12.2 厘米 足径 7.5 厘米

Jasper incense burner with peony-shaped handles and peony design

Qing Dynasty

Height 9.8cm   mouth diameter 12.2cm   foot diameter 7.5cm

香熏盖碗式，球形双花耳，高圈足外撇。通体镂雕牡丹纹，双耳为镂空牡丹花叶形，与整器相得益彰。雕工精湛，玲珑剔透。

香熏在清宫中较为常见，质地多样，有翡翠、陶瓷、象牙等，其中尤以玉质为多。造型各异，有钟式、炉式、亭式、海棠式等。香料放入其中，香气可于孔处溢出，起到陶冶性情，净化空气等作用。

62

碧玉牡丹纹花耳香熏

清
高 10 厘米　口径 12.2 厘米　足径 7.4 厘米

Jasper incense burner with peony-shaped handles and peony design
Qing Dynasty
Height 10cm　mouth diameter 12.2cm　foot diameter 7.4cm

香熏玉局部可见黑斑。盖碗式，球形双花耳，高圈足外撇。盖顶开光，凸起三组花叶纹扣钮。整器用镂雕技法琢饰牡丹枝叶，圈足饰 20 个莲瓣。

玉质牡丹香熏分无耳、双耳、三耳、四耳等。

63

碧玉牡丹纹香熏

清

高 9.3 厘米　口径 13.4 厘米　足径 7.8 厘米

Jasper incense burner with peony design
Qing Dynasty
Height 9.3cm　mouth diameter 13.4cm　foot diameter 7.8cm

香熏碧玉微瑕。正圆形盖碗式，矮圈足。通体镂雕牡丹纹。

碧玉花卉纹香熏

清

高 10.2 厘米 口径 18 厘米 足径 9.5 厘米

Jasper incense burner with flora design
Qing Dynasty
Height 10.2cm mouth diameter 18cm foot diameter 9.5cm

香熏局部可见深绿色斑。圆形盖碗式，盖平顶，折沿口，矮圈足。通体镂雕，盖顶浮雕三朵菊花相拥，盖面镂雕缠枝花叶上凸雕相间的六朵花。器口出沿琢饰 14 个如意花瓣，腹镂雕缠枝莲和垂云纹，腹下饰 18 瓣莲瓣纹。

这种出沿的香熏数量不多，一般为香熏中尺寸较大者。

65

碧玉花卉纹香熏

清

高 12.1 厘米 口径 17.4 厘米 足径 9 厘米

Jasper incense burner with flora design
Qing Dynasty
Height 12.1cm　mouth diameter 17.4cm　foot diameter 9cm

香熏盖碗式，高型盖顶部有一花形钮，折沿口，圈足外撇。盖沿饰回纹，口沿作如意花瓣形。通体镂雕花卉纹。

碧玉描金七佛图钵

清
高 5.7 厘米 口径 16 厘米

Jasper alms-bowl with seven Buddhas in gold tracery
Qing Dynasty
Height 5.7cm   mouth diameter 16cm

钵敛口，弧腹，平底。器表阴刻七佛，皆头带背光，身着长衫，手施法界定印，结跏趺坐于莲花台之上。周绕祥云。佛像表面涂金。附木座。

碧玉兽面纹碗

清

高 5.9 厘米　口径 13.2 厘米　足径 4.9 厘米

Jasper bowl with design of animal masks
Qing Dynasty
Height 5.9cm　mouth diameter 13.2cm　foot diameter 4.9cm

碗撇口，圈足。口沿及近足处各琢刻一周回纹地加变形兽面纹纹饰带，器身镌刻乾隆戊寅（乾隆二十三年，1758 年）御题《咏玉茶碗》，共 56 字。末署"乾隆戊寅仲夏御制"及阴文"会心不远"、阳文"德充符"二印。足底镌刻阳文"乾隆御用"四字隶书款。

此碗为新疆所制，入贡内府后重加抛光并加琢纹饰、诗文及款识。乾隆二十二年平定回部阿睦尔撒纳叛乱，二十三年进剿南疆。本品当为其时回部伯克入贡之物。

68

碧玉 "卍" 字锦地花卉诗纹碗（一对）

清

高 7.5 厘米　口径 16.6 厘米　足径 8 厘米

Jasper bowl with design of "卍" and poems on flowers (pair)

Qing Dynasty

Height 7.5cm　mouth diameter 16.6cm　foot diameter 8cm

碗玉局部有黑色条斑。撇口，圈足。表面 "卍" 字锦地上饰六开光，开光内分别阴刻填金隶书御题兰花、水仙、樱桃、迎春等六种花卉诗。另一件开光内阴刻填金隶书御题丁香、梅花、白莲、石榴等六种花卉诗。

两件玉碗为一对。一件现存铜镀金嵌宝石座一；一件现存铜内胆一，胆底部中心有一穿孔。清代宫廷陈设中盆景的材料十分丰富，从现存附件考虑，这对玉碗应为小型盆景所用。

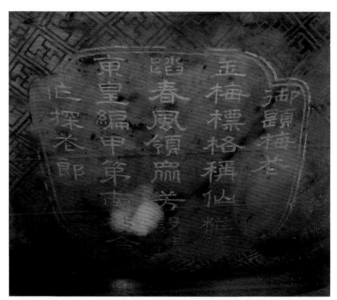

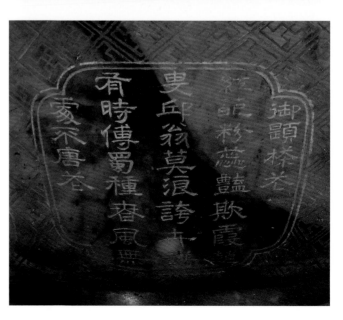

69

碧玉莲瓣纹碗

清

高 6.9 厘米 口径 25.2 厘米 足径 16.6 厘米

Jasper bowl with lotus design
Qing Dynasty
Height 6.9cm mouth diameter 25.2cm foot diameter 16.6cm

碗玉通体可见灰白色斑块。撇口，浅腹，矮圈足。口沿下装饰两道弦纹，腹部浅浮雕卷边大莲瓣，间饰小莲瓣纹。外底中心阴刻"乾隆年制"四字隶书款。

清代宫廷使用玉碗数量较多，造型也很丰富。碧玉碗比青玉、白玉碗的数量少很多，这种浅式大碗的造型独特，并刻有年款，实属少见。

碧玉弦纹碗

清

高 5.4 厘米 口径 13 厘米 足径 8.2 厘米

Jasper bowl with string design
Qing Dynasty
Height 5.4cm   mouth diameter 13cm   foot diameter 8.2cm

碗玉局部可见黑色斑点。撇口，璧式矮足。腹饰一周弦纹。外底中心阴刻"大清乾隆御制"三行竖排六字篆书款。

清代玉碗多成双成对，造型各有不同，表面纹饰图案刻画极其丰富，如刻诗碗、花卉纹碗、菊瓣纹碗、葵花式碗等。此碗十分特殊，造型、纹饰有别于其他玉碗，尤其是璧式足的设计，极其少见。可谓碗中之孤品。

71

碧玉八宝暗八仙纹高足供碗

清
高 12.2 厘米 口径 11.5 厘米 足径 10.5 厘米

**Jasper sacrificial bowl with high stem and design of
the Eight Auspicious Symbols and the emblems of the
Eight Immortals in relief**
Qing Dynasty
Height 12.2cm　mouth diameter 11.5cm　foot diameter 10.5cm

供碗玉局部有黑色斑点。整器由多块黏结而成。盖、碗表面剔地浮雕八宝纹及暗八仙纹，盖钮镂雕球形花叶，高足饰三层俯仰莲瓣纹，间以阴刻回纹。附木座。

清代宫廷中此类玉质高足碗数量不多，主要为佛堂供器，有的也用于陈设。

碧玉花卉纹果盘

清乾隆
高 5.5 厘米 口径 27.5 厘米 底径 20.8 厘米

Jasper plate for fruit with flora design
Qianlong Period, Qing Dynasty
Height 5.5cm   mouth diameter 27.5cm
bottom diameter 20.8cm

盘局部可见黑色、绿色斑点。深沿，口稍撇，底无足内凹。盘壁较厚。内底高浮雕把莲，上饰蜻蜓、燕子飞翔，寓意"海晏河清"。盘底中心阴刻"乾隆年制"四字隶书款。盘底边下方阴刻隶书"乙"字。是乾隆时期的玉器精品。

清代玉盘较多，但如此盘底心凸雕图案的玉盘只占少数，把盘内放入清水，所刻图案更显生动。

73

碧玉葵花式盘

清

高 4.4 厘米　口径 21.8 厘米　足径 13.2 厘米

Jasper sun-flower-shaped plate
Qing Dynasty
Height 4.4cm　mouth diameter 21.8cm　foot diameter 13.2cm

　　盘玉质佳，局部可见黑色斑点及条形斑纹，表面有较强的玻璃光。葵花式，撇口，圈足。薄胎。盘内外浅雕变形葵瓣纹。

　　乾隆皇帝对痕都斯坦玉器情有独钟，特命玉工进行仿造，故清宫旧藏仿痕都斯坦风格的玉器占有一定比例，盘类存量较大，但如此盘里、外琢饰变形花瓣纹的较为少见，可谓"盘中精品"。

碧玉菊瓣式盘（一对）

清

高 2.8 厘米 口径 15.5 厘米 足径 9 厘米

Jasper chrysanthemum-petal-shaped plate (pair)
Qing Dynasty
Height 2.8cm　mouth diameter 15.5cm　foot diameter 9cm

盘玉局部有黑斑。撇口，矮圈足。壁极薄，通体凸雕菊瓣纹，盘内饰三层，足底饰两层。

据档案记载，清代玉器中有部分菊瓣纹的碗、盘、盒等是以薄胎漆器为原型雕琢而成。

75

碧玉盘

清嘉庆

高 3.8 厘米　口径 20.3 厘米　足径 11.9 厘米

Jasper plate
Jiaqing Period, Qing Dynasty
Height 3.8cm　mouth diameter 20.3cm　foot diameter 11.9cm

盘玉可见灰色斑块，局部有黑色斑。浅式，撇口，矮圈足。外底中心阴刻"嘉庆年制"四字隶书款。

清代宫廷使用的玉盘较多，这种光素无纹者是其中的一类。嘉庆时期带款的玉器最多。

76

碧玉蟠螭纹觥

清
高 14.3 厘米 长 8 厘米 宽 6.3 厘米
口径 7.5×4.8 厘米

Jasper Gong with design of interlaced-hydras
Qing Dynasty
Height 14.3cm length 8cm width 6.3cm mouth size 7.5×4.8cm

觥依材料形状略加设计，下部为龙首形，仰吞觥身，龙首有长角，上卷为器柄，双耳向下，为器足。觥身饰仿古勾云纹，口伏一螭，腹部凸雕蟠螭纹。附木座。

觥为古代酒器，《诗经》有"举彼兕觥，万寿无疆"之句。兕觥，历代多有仿制，乾隆时宫廷又制造了一批以玉子形状为基础设计的觥，多弧面无柄。此觥样式复杂，是宫廷陈设器。

77

碧玉兽面纹匜

清乾隆
高 18.7 厘米　长 21 厘米　宽 7.4 厘米
足径 7.7×4.2 厘米

Jasper ewer with design of animal masks
Qianlong Period, Qing Dynasty
Height 18.7cm　length 21cm　width 7.4cm　foot size 7.7×4.2cm

匜玉有墨色斑块。器盖表面通体浮雕呈兽形，桥形钮，上套一环。兽吞式柄。盖内镌刻乾隆己亥（1779年）御制诗《题绿玉司寇匜》："一握和阗玉，琢为司寇匜。率因从古朴，非所论时宜。韭绿犹余润，粟黄从讶奇。四方永作祐，博古式铭词。乾隆己亥春御题。"末署"比德"、"朗润"二印。器身表面以四条等距凸棱分割成四个装饰带，分别装饰浅浮雕夔龙纹和兽面纹。足墙饰蕉叶纹一周。内底镌刻"作司寇彝周建用惟百零四方用作祐"，外底镌刻"大清乾隆仿古"六字款。

本匜系仿《博古图》所录周代青铜司寇匜。周代青铜司寇匜后又著录于乾隆十四年（1749年）奉敕修撰、乾隆二十年完书的《西清古鉴》之中。

78

碧玉夔纹樽式杯

明晚期或清早期
高 12.3 厘米　口径 7.4 厘米

Jasper cup for wine in shape of ancient Zun and with design of Kui-dragon and Kui-phoenix
Late Ming or early Qing Dynasty
Height 12.3cm　mouth diameter 7.4cm

　　杯圆筒状，三兽首足。圆盖，中部涡纹钮，其外伏三兽。器外壁浅浮雕夔龙一、夔凤一，龙凤之首较小，身为方折拐子形，身外空白处饰谷纹。

　　樽为古代酒器，汉代较流行，有漆制、铜制、玉制樽，明清时有较多的仿制，北京小西天清代黑舍里氏墓出土有白玉樽。此樽式杯为实用酒器。

79

碧玉鹰熊合卺杯

清乾隆
高 22.5 厘米　口径 4.9 厘米　足径 10.7×7.3 厘米

Jasper twin cups with design of eagle and bear
Qianlong Period, Qing Dynasty
Height 22.5cm　mouth diameter 4.9cm　foot size 10.7×7.3cm

　　合卺杯玉有显色条斑。器呈中空双管并连形，有
盖。表面装饰回纹、勾云纹、绳索纹及蕉叶纹。两管
之间凸雕一鹰展翅衔环立于卧熊头部。器盖表面浅浮
雕流云图案，一昂首蟠龙跨踞双盖之上。双管上、中、
下三处分别以蟠龙、鹰、熊互联。器底熊腹部位阴刻"大
清乾隆仿古"单行六字隶书款。

　　玉合卺杯，目前最早见于明代，造型大多比较墩
矮。清代则墩矮、修长兼而有之。清宫旧藏明、清合
卺杯往往配有鎏金铜胆，用于插花，作为室内陈设，
或用作香熏，其功能已经发生了改变。本作品融明代
合卺杯造型与商周青铜器纹饰于一体，较明代同类器
工艺更加精细。

80

碧玉仕女耳杯

清乾隆
高 6 厘米　长 15.5 厘米　口径 10.4 厘米

Jasper cup with woman-body-shaped handles
Qianlong Period, Qing Dynasty
Height 6cm　length 15.5cm　mouth diameter 10.4cm

　　杯直口，圆形，双仕女形耳，圈足。口沿内饰回纹一周，口沿外饰云纹一周。杯腹两面浮雕图案，一面琢人物五，其一人引路于前，又一人托果盘，中一老者，左手持拂尘，右手举花束，身旁一小鹿，身后二女举扇欲挥。另一面琢六人，前一人抱瓶，瓶内有花、叶，第二人捧盘于其后，盘内堆山形物，第三人行且回首，第四人似王者，持羽扇，躬身，二女举长羽扇于后。足底刻"大清乾隆仿古"竖排双行六字款。附木座。

　　乾隆非常喜爱此种玉杯，故宫博物院、台北故宫博物院都藏有类似的白玉作品。此碧玉杯，图案略有变化。

81

碧玉杯

清乾隆
高 7.8 厘米　口径 8.3 厘米　足径 4.6 厘米

Jasper cup
Qianlong Period, Qing Dynasty
Height 7.8cm　mouth diameter 8.3cm　foot diameter 4.6cm

杯圆柱形，较高，撇口，圈足。足底刻细阴线"大清乾隆年制"三行竖排六字篆书款。

此种光素玉杯，安徽地区出土有宋代作品，较此杯口更敞。此杯为仿古器，素面无纹，以显玉质优良。

82

碧玉双龙戏珠纹龙耳带托杯

清乾隆

杯：高 3.8 厘米　口径 6.3 厘米　足径 3.3 厘米

托：高 2.5 厘米　口径 17×11.9 厘米　足径 13.9×9 厘米

Jasper cup with dragon-shaped handles and saucer and design of two dragons playing with a ball
Qianlong Period, Qing Dynasty
Cup: height 3.8cm　mouth diameter 6.3cm　foot diameter 3.3cm
Saucer: height 2.5cm　mouth size 17×11.9cm　foot size 13.9×9cm

托杯玉碧绿中略含有黑褐色斑点。器分为杯、托两部分。杯为圆形口，圈足。外壁浅浮雕朵云纹，两侧各透雕龙耳，外底中心阴刻 "乾隆御用" 四字隶书款。托为椭圆形，内浮雕双龙戏珠纹，中心为俯仰莲瓣纹圆形台，以纳杯足。外底中心亦琢 "乾隆御用" 四字隶书款。

碧玉夔龙凤纹出戟带托爵杯

清乾隆

通高 14 厘米　托口径 16.5 厘米

Jasper Jue-shaped cup with saucer and design of Kui-dragon, Kui-pheonix and ribs

Qianlong Period, Qing Dynasty

Overall height 14cm　diameter of saucer 16.5cm

整器由爵杯和盘托两部分组成。爵杯敞口，双流柱，三尖状足，一面有半圆形鋬耳。身三面出戟，以阴刻回纹为地，上浮雕夔龙与夔凤，上下有两圈回纹带。器底阴刻"乾隆年制"四字隶书款，并另刻一"八"字。托宽沿，四兽面形足。口沿饰一圈回纹带，中心凸起爵座，上浮雕寿山福海纹。座周一圈方回纹底子上雕琢三组夔龙和凤纹。盘底阴刻"乾隆年制"四字楷书款，底上部阴刻一"八"字。

此作品为成组玉爵杯之一，可供祭祀之用。

碧玉葫芦花卉纹莲座高把杯

清

高 18.1 厘米 口径 7.4 厘米 足径 7.4 厘米

Jasper cup with calabash-shaped stem and lotus-shaped base and flora design
Qing Dynasty
Height 18.1cm   mouth diameter 7.4cm   foot diameter 7.4cm

杯钟铃倒置形，柄为葫芦形，杯体与葫芦形柄之间有一俯仰莲瓣形座，柄下为双层圆座。杯由上至下分别雕琢藤蔓、葫芦、缠枝莲、荷叶、雷纹等纹饰。附木座。

清代宫廷中各种形制的玉酒具一应俱全，且多为构思巧妙、工艺精细之作。此杯造型独特，雕琢细腻，可称清宫玉酒具中的精品。

85

碧玉盖碗（一对）

清
高 8.7 厘米　口径 10.5 厘米　足径 4.3 厘米

Jasper bowl with cover (pair)
Qing Dynasty
Height 8.7cm　mouth diameter 10.5cm　foot diameter 4.3cm

盖碗碧玉色深，有黑色斑点。盖顶饰一环形钮，碗口外撇，口内有台，深腹，圈足。光素无纹。足底阴刻"乾隆年制"四字篆书款。

盖碗又叫"三才碗"，是一种上有盖，下有托，中有碗的茶具。盖为天，碗为人，托为地，暗含天地人和之意。清代雍正年间十分盛行，至乾隆年间宫廷内仍较为流行，有瓷、玉、紫砂、漆、玻璃、玳瑁等不同材质。

86

碧玉勾云纹天鸡式执壶

清乾隆
高 19.4 厘米　口径 8.3×6.4 厘米　足距 5×4.8 厘米

Jasper pot with handle at the side and design of cloud scrolls
Qianlong Period, Qing Dynasty
Height 19.4cm　mouth size 8.3×6.4cm
leg distance 5×4.8cm

执壶玉局部可见黑斑及深、浅色绿斑。整体呈天鸡式，椭圆形盖，顶部一卧鸠为钮。壶腹为盖瓶造型，稍扁。兽吞式流下衔活环一，夔龙式曲柄。四个三角锥形足外撇。器腹前后饰仿古勾云纹、方折纹，并以此塑造出天鸡的翅膀。壶外底阴刻"大清乾隆仿古"三行竖排六字隶书款。

清代执壶数量较多，造型丰富，此壶在纹饰、颜色等多方面进行仿古，十分少见，是清代玉壶中的孤品。

87

碧玉寿字蝙蝠莲花纹茶船（一对）

清嘉庆
长 17.3 厘米 宽 8.7 厘米

**Jasper saucer for tea cup with design of medallion
Shou, bats and lotus (pair)**
Jiaqing Period, Qing Dynasty
Length 17.3cm width 8.7cm

茶船玉局部有黑色斑点。呈两头稍翘的船形，长方框矮足。纹饰主要采用阴刻技法，船中间圆形开光内阴刻团寿字，两头各饰一蝙蝠，两侧饰莲花枝各一，寓意"福寿连连"。足底阴刻"嘉庆御用"四字隶书款。

"茶船"，又名"茶托"或"盏托"，亦称"茶托子"、"茶拓子"。以承茶盏防烫手之用，后因其形似舟，遂以"茶船"或"茶舟"名之。清代寂园叟《陶雅》中提到："盏托，谓之茶船，明制如船，康雍小酒盏则托作圆形而不空其中。宋窑则空中矣。略如今制而颇朴拙也。"可见船形茶托出现于明代。茶船的使用在清代较为流行，多为银质，玉质茶船数量较少，更加珍贵。

碧玉唾盂

清
高 6.5 厘米 口径 14.5 厘米

Jasper spittoon
Qing Dynasty
Height 6.5cm mouth diameter 14.5cm

唾盂圆形，口沿较宽，有盖。薄胎，光素无纹。
此器一般用以盛放脏秽物，有盖，较封闭。

碧玉勾云夔龙纹盒

清

高 3.3 厘米 口径 7.6 厘米 足径 5.4 厘米

Jasper box with design of clounds and Kui-dragons
Qing Dynasty
Height 3.3cm mouth diameter 7.6cm foot diameter 5.4cm

盒玉局部有斑。圆形，子母口相扣，盖顶平，矮圈足微撇。盖顶部开光内雕四组变形夔龙，两两相背，共计八只。盖壁及器腹均饰勾云纹。附木座。

此盒纹饰仿古，盖顶开光内纹饰琢磨不俗，与盒身纹饰相互映衬，更显古朴典雅。盒体磨工上佳，光可鉴人。高低相宜，凝重而不失轻灵可爱。此类玉盒在清代宫廷较为常见。

碧玉松鹤图盒（一对）

清

高 11 厘米　口径 17.1 厘米　足径 10.7 厘米

Jasper box with design of pine and cranes (pair)
Qing Dynasty
Height 11cm　mouth diameter 17.1cm
foot diameter 10.7cm

盒表面均可见灰白色斑块，局部有黑斑。圆形矮圈足稍外撇。薄胎。表面满琢松枝及近百只仙鹤。

此盒的独到之处在于运用玉料的天然特性进行设计，在灰白色斑块的地方雕琢仙鹤，绿色的地方雕琢松枝，这种因材施艺的手法，使图案内容的表现更加鲜明，更具有艺术感染力。

91

碧玉牡丹纹盒

清

高 9.1 厘米 口径 20.4 厘米

Jasper box with peony design
Qing Dynasty
Height 9.1cm   mouth diameter 20.4cm

盒玉内有黑斑。整器镂雕牡丹花叶纹，器盖顶镂雕七朵牡丹花，中间一朵大花，周围六朵小花。盖壁及器腹分别镂雕牡丹花大小 12 朵、14 朵。所配木座，五云形足镂雕花叶云纹。

此器牡丹花虽多，但花叶翻转交搭，繁而不乱。镂孔之处也均抛光，可见用工之精细。

92

碧玉菊瓣式盒

清
高 5.8 厘米 口径 16.3 厘米 底径 11 厘米

Jasper chrysanthemum-flower-shaped box
Qing Dynasty
Height 5.8cm mouth diameter 16.3cm bottom diameter 11cm

盒圆形，盖、底均凸雕菊瓣纹。

菊瓣式盒的材质较为丰富，主要以漆质居多，其次为玉质、木质、陶瓷和象牙等。玉菊瓣式盒在清宫中并不多见，主要选用碧玉雕琢。据档案记载，此类玉盒依漆盒为原型雕琢而成，成器后与漆盒十分相像，且薄透更胜一筹，非一般工匠所为。

93

碧玉双蝶式三层盒

清

高 1.7 厘米 长 5.3 厘米 宽 3.4 厘米

Jasper three-layered box in shape of two butterflies
Qing Dynasty
Height 1.7cm length 5.3cm width 3.4cm

盒玉可见黑斑。整体呈相对的双蝶形，共三层。在上、下两层的一侧阴刻"乾隆精玩"四字篆书款。下配仿硬木镂空染牙座。

此盒设计十分精巧，盒中间部分镂空，盒内每层均有随形小池，池的边沿恰为每层的合口，盖上后严丝合缝。"乾隆精玩"四字款在清代玉器或其他材质器物上较为罕见。

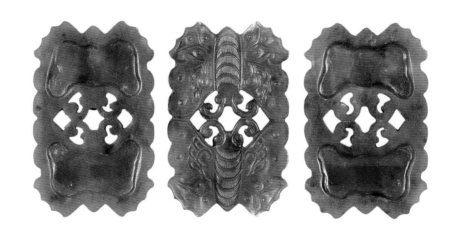

94

碧玉嵌白玉寿字缠枝莲八宝纹盒

清

高 7.7 厘米 口径 14.2×13.7 厘米

Jasper box with a white jade inlaid and design of Chinese character Shou, interlocking lotus and the Eight Auspicious Symbols

Qing Dynasty

Height 7.7cm mouth size 14.2×13.7cm

盒长方形，通体作四入角，盖上嵌白玉。四周饰缠枝莲纹，所嵌白玉中心开光内为篆体寿字，周围琢轮、螺、伞、盖、花、罐、鱼、肠八宝纹。附木座。

清代玉盒种类齐全，造型丰富。这种碧玉嵌白玉盒通常尺寸稍大，下配镂雕木座。此盒选料上乘，雕刻十分精致，庄重大气。

95

碧玉嵌白玉莲鹤纹海棠花式盒(一对)

清
高 8.4 厘米 口径 12×10 厘米

盒玉局部有斑。整体呈海棠花形。盒上嵌白玉，
所雕内容采用对称设计。四周去地浅浮雕松、鹤、灵
芝、兰草等，所嵌白玉经多层镂雕，表现天鹅、荷叶、
莲花等图案。表面黄色为人工染色。

Jasper box in shape of begonia flower with white jade
inlaid and design of lotus and crane (pair)
Qing Dynasty
Height 8.4cm mouth size 12×10cm

96

碧玉嵌白玉穿花龙凤纹盒

清
高 12.2 厘米　口径 22.2 厘米　底径 15.7 厘米

Jasper box with a white jade inlaid and design of dragon and phoenix flying among flowers
Qing Dynasty
Height 12.2cm mouth diameter 22.2cm
bottom diameter 15.7cm

盒玉局部有斑，近似球形。盖顶上嵌圆形白玉一片，镂雕穿花龙凤纹，其边缘一周琢有山石、孔雀、鹭鸶、绶带。

此盒盖上嵌白玉，色彩鲜明，设计别致，是玉盒中之精品。

97

白玉嵌碧玉蝠寿纹九格果盒

清

高 6.9 厘米　径 29.5 厘米

White jade nine-sectioned plate for snacks with white
jade cover inlaid with jasper and design of two bats
holding Chinese character Shou

Qing Dynasty

Height 6.9cm　diameter 29.5cm

盒圆形，选用上等白玉、碧玉雕琢而成，实为白玉九格果盘上配白玉嵌碧玉盖，盖合后酷似上下嵌白玉的碧玉圆盒。白玉上雕刻云纹锦地，上饰五蝠飞翔；碧玉上四开光内浅浮雕双蝠捧寿。下配镂雕木座。

九格果盒也称九子攒盘，可用来盛装各种小点心。清宫遗物中，漆器、珐琅器的攒盘不难见到，但玉质攒盘的数量很少。九格果盒设计独特，造型端庄，独一无二，实为孤品。

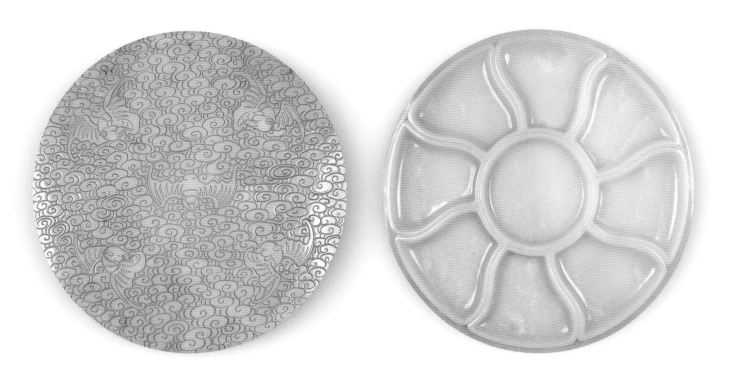

98

碧玉凤托觥式花插

清乾隆
高 15.2 厘米　长 9.2 厘米　宽 5.1 厘米

**Jasper flower receptacle in shape of Gong
on back of phoenix**
Qianlong Period, Qing Dynasty
Height 15.2cm　length 9.2cm　width 5.1cm

花插下部为立凤式，双翅贴身，端上卷，尾下垂分为三歧，两歧下卷。凤背负一觥，觥为夔柄，饰涡纹，口内空可插物。凤的腹部阴刻"乾隆年制"四字篆书款。

99

碧玉松桩式花插

清乾隆

高 11.2 厘米 底径 9.8×3.1 厘米

Jasper flower receptacle in shape of pine stump
Qianlong Period, Qing Dynasty
Height 11.2cm bottom size 9.8×3.1cm

花插筒身浮雕松枝、竹枝与灵芝，两只凤鸟作回首状，站立于灵芝之上。松桩根处镌刻"乾隆年制"四字篆书款。配染牙座，座上雕桃枝、梅枝等，与花插上的纹饰相呼应。

此器玉质莹润，工艺精湛，设计巧妙，不失为清宫旧藏碧玉花插中的佳品。

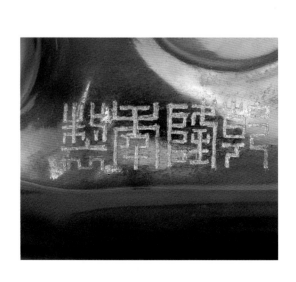

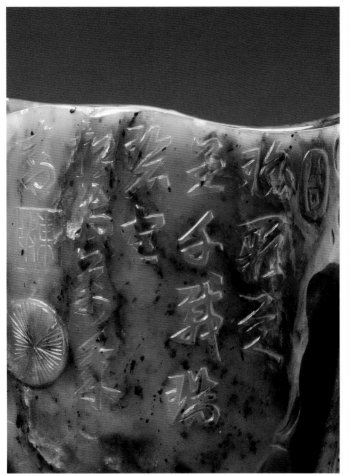

100

碧玉松桩式花插

清乾隆
高 18.4 厘米 口径 7.1×5.9 厘米 底径 7.8×6.5 厘米

Jasper flower receptacle in shape of pine stump
Qianlong Period, Qing Dynasty
Height 18.4cm mouth size 7.1×5.9cm
bottom size 7.8×6.5cm

花插松桩式。玉质莹润、色泽浓郁。凸雕灵芝、松树，松枝蜿蜒缠绕于筒身。松叶为圆片状，以细阴刻线琢出树叶的纹理。松树上满雕松皮，似鱼鳞。上部镌刻草书诗文，诗文前落"片月"，末署"东坡"篆书印。足内阴刻"乾隆年制"四字篆书款。

"松皮如鳞皴"为国画基本技法之一。此器将绘画与雕刻的技法巧妙结合，把诗、画、实景融入一体，可见乾隆时期玉工的精湛技艺与匠心独具。

101

碧玉兽面纹双管花插

清乾隆
高 8.3 厘米 口径 3.3×2.9 厘米

**Jasper flower receptacle with two holes and design of
animal masks**
Qianlong Period, Qing Dynasty
Height 8.3cm   mouth size 3.3×2.9cm

花插玉有黑斑。双方筒并立式，筒下各有连托圆轴，可开合，合则双筒并立，开可成一字形。筒身满雕兽面纹和勾云纹。器底阴刻"大清乾隆仿古"六字楷书款。

清宫遗存多件此种玉器，玉色不同，名称亦不同，或称"花插"，或称"规矩首"，名称依何而定尚不明确，使用方法亦待研究。

102

碧玉双鱼式花插

清

高 16.3 厘米 长 10 厘米

Jasper flower receptacle in shape of double fish

Qing Dynasty

Heigh 16.3cm length 10cm

花插双鱼式。两鱼首尾相连，以尾作支撑，被水形成的旋涡托起。双鱼体带飞翼，凸眼圆睁，鱼口向上张开，口腔较深，可插花。鱼身满饰鱼鳞，以深阴刻线琢出，鱼眉、鱼须、鱼尾下的旋涡纹则以浅、细的阴刻线琢出。鱼尾处托起一颗火珠，火珠上镌刻"乾隆年制"四字篆书款。配染牙座，座上满雕水波旋涡纹。

鱼纹是商周以来的传统纹饰，寓意多子多孙。此件花插以双鱼为形，且双鱼均带角，可谓"鱼龙变化"，有金榜题名、高升昌盛之吉祥寓意。玉匠在器上巧留玉皮之色，似双鱼在阳光照耀下发出的光芒，充分显示出乾隆时期高超的制玉工艺。

103

碧玉鹤凤松竹纹梅桩式双孔花插

清

高 17.7 厘米　长 13.4 厘米

Jasper flower receptacle with two holes and in shape of plum stump and with design of crane, pheonix, pine and bamboo

Qing Dynasty

Height 17.7cm length 13.4cm

花插双孔式，中空。主体为一高大树桩，桩上雕梅枝与梅花，桩旁雕松树，松枝上雕一只立鹤，喻松鹤延年。树桩另一侧雕一根竹枝，竹叶稀疏，其旁立一花觚，海棠式口，鼓腹，口部伏一蟠螭，腹雕蝙蝠、灵芝纹。觚旁雕一只高冠长尾凤，双足立于灵芝之上。花插背面雕一株梅树与藤蔓。花觚足内阴刻"乾隆年制"四字篆书款。配紫檀木座，座雕山石、灵芝与竹纹，座底刻"丙"字。

此器的纹饰集松、竹、梅、鹤、螭、凤、觚、灵芝为一体，是一件多题材、多寓意的综合作品，既有福寿祥瑞，又有品德高洁之寓意。

104

碧玉灵芝纹双孔花插

清
高 12.6 厘米　口径 7.4×2.6 厘米　5.2×3.1 厘米

Jasper flower receptacle with two holes and Lingzhi fugus design
Qing Dynasty
Height 12.6cm　mouth size 7.4×2.6cm, 5.2×3.1cm

花插双孔式，呈喇叭口形。以凸雕和镂雕的手法雕灵芝、竹枝，并一枝藤蔓绕于筒身，藤蔓蜿蜒曲折。配紫檀木座，木座上雕山石、灵芝、松枝，与花插上的纹饰相呼应。

碧玉罗汉图山子

清乾隆
高 26.7 厘米　长 19.2 厘米　宽 6.9 厘米

Jasper rock-shaped article with design of Louhan
Qianlong Period, Qing Dynasty
Height 26.7cm　length 19.2cm　width 6.9cm

山子随玉形雕罗汉图。正面一罗汉手持净瓶，倚坐于山石上，身后有芭蕉树，身旁一只羚羊，口衔灵芝，作回首状。右上阴刻行书填金乾隆御题《唐人罗汉赞》："庞眉台背，示此幻身。西天弗居，而居圣因。笻竹罢扶，盘陀且坐。一弹指间，无可不可。羚羊挂角，衔芝而来。埋没家宝，有如是哉。左持净瓶，忽现大士。明圣之湖，全贮其里。"后注："圣因寺僧明水戏此，因为之赞，仍命珍弄寺中，为山门清话。乾隆壬午暮春并识。"末署"几暇怡情"阴文、"乾隆辰翰"阳文篆书印。背面镌刻行书填金《般若波罗蜜多心经》，并附后记："既制罗汉赞题，付寺僧弄，庄以毫相，光中大士现身，因金书心经于帧首，附以梵文咒句，使心印陀罗同谐善果，作法宝护。御笔再识。"末署"乾"、"隆"，并"几暇怡情"阳文篆书印。配紫檀木座，座上雕松树、竹叶纹。

峨眉台背示此句身西天幕居而天重因峰竹罷扶鹽陀
且坐一彈指間无可不可發羊挂角衡芝而末堙沒家寶
有如受戒左拈淨缾色現大士明聖之湖金貯其裏
聖因寺僧明水點此因為之頌何命珍卉寺中為山門
注語乾隆壬午暮春芝識

般若波羅蜜多心經

觀自在菩薩行深般若波羅蜜多時照見五蘊皆空度一切苦厄舍利子色不異空空不異色色即是空空即是色受想行識亦復如是舍利子是諸法空相不生不滅不垢不淨不增不減是故空中無色無受想行識無眼耳鼻舌身意無色聲香味觸法無眼界乃至無意識界無無明亦無無明盡乃至無老死亦無老死盡無苦集滅道無智亦無得以無所得故菩提薩埵依般若波羅蜜多故心無罣礙無罣礙故無有恐怖遠離顛倒夢想究竟涅槃三世諸佛依般若波羅蜜多故得阿耨多羅三藐三菩提故知般若波羅蜜多是大神咒是大明咒是無上咒是無等等咒能除一切苦真實不虛故說般若波羅蜜多咒即說咒曰

揭諦揭諦 波羅揭諦 波羅僧揭諦 菩提薩婆訶

般若波羅蜜多心經

106

碧玉坐佛图山子

清

高 16.6 厘米　长 12.7 厘米　宽 6.7 厘米

Jasper rock-shaped article with design of sitting buddha

Qing Dynasty

Height 16.6cm　length 12.7cm　width 6.7cm

　　山子随玉形雕坐佛图。正面山石间雕一山洞，一佛螺髻，闭目，着长衫及地，手结说法印，结全跏趺坐于洞口莲花座上。坐佛上方的洞口盘绕一棵松树。背面凸雕山石、灵芝。底部有两个较深圆孔，似曾为扳指取材所用。孔内贴千字文号"重一百十一号"。

　　此坐佛开脸饱满、柔和，发髻、胸前、袖口衣饰的刻线清晰、灵动。

碧玉福禄寿图山子

清

高 20.7 厘米　长 33.4 厘米　宽 8.1 厘米

Jasper rock-shaped article with auspicious design
Qing Dynasty
Height 20.7cm　length 33.4cm　width 8.1cm

山子玉内有黑点。依玉石的自然之形高浮雕福禄寿图。正面浮雕山石、松树、藤萝、溪水、亭台。山路上寿星面带微笑，手持如意，骑鹿而来。其前俩童子喜笑颜开，共捧象征寿山福海的盆景，后面一小童子，肩扛杖策，杖上系一葫芦，悠然跟随。背面浮雕松树、柏树、山石，怪石嶙峋，流水潺潺。

108

碧玉神仙图山子

清

高 27 厘米　长 31.5 厘米　宽 15 厘米

Jasper rock-shaped article with design of celestials
Qing Dynasty
Height 27cm　length 31.5cm　width 15cm

山子依玉石的自然之形雕琢人物众多。正面雕琢13人，有一人持盒，一人扛莲花，有策杖而行的老者，有肩扛桃实的东方朔，有头戴冠巾的书生，有稚气未脱的童子。以松树、溪水、亭台梧桐相衬。背面高浮雕八位仕女，她们或手持灵芝，或手捧寿桃，或手持宝瓶，或肩负花篮，或前行，或交谈。有茅屋、梧桐、松树、溪水、假山、灵芝、菊花、麋鹿、仙鹤相衬，均含吉祥如意的祝福之意。

碧玉三老图山子

清

高 20 厘米 长 26 厘米 宽 9.9 厘米

Jasper rock-shaped article with design of three old men suggesting longevity
Qing Dynasty
Height 20cm　length 26cm　width 9.9cm

山子玉料中有浅色和绿色斑，整体雕琢一仙山楼阁的玉图画。山路上三位老人，一头带方巾，一拱手，一以手示意，站在松树之下攀谈，后面一童子肩扛葫芦前行。石桥之下溪水潺潺，山上松萝藤蔓、云烟缭绕处可见一座四角小亭和二座楼阁。

《三老图》是古人作画中常用的题材。三老的传说有多种，常认为是兄弟三人，幼年同游，老来相见均无恙，既寿且康，乡人以为荣耀，绘《三老图》以示对长寿的祝福与向往。

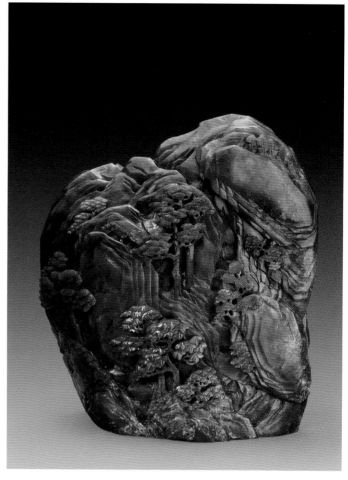

110

碧玉访友图山子

清

高 25.5 厘米　长 23.5 厘米

Jasper rock-shaped article with design of visiting friends
Qing Dynasty
Height 25.5cm　length 23.5cm

山子随玉形雕访友图。图中雕刻山石、松林、楼阁，老者骑鹿行走于山间，左手捋胡，右手扶鹿。二童侍随，一前面领路，回首与老者交谈，一双手持寿星拐杖，跟随于其后。背面雕山石、松树，与前意相呼应。

111

碧玉刻诗山水楼阁图山子

清

高 18.7 厘米 长 23.4 厘米 宽 6 厘米

Jasper rock-shaped article with carved design of poem
and landscape and figures
Qing Dynasty
Height 18.7cm length 23.4cm width 6cm

山子旧藏遂初堂。玉质细腻光润，两面随形镂雕山水楼阁人物图。正面镌刻楷书填金乾隆《御题孙琰仙山楼阁》："树有清风溪有澜，楼台高回石林端。笋峰丛倚白云表，辋水乱飞碧落寒。法是山樵传派正，地惟王子得居安。个中妙处称生动，楮叶精工有底难。"此诗作于乾隆十六年。

孙琰于乾隆时期供奉内廷，善山水，尝绘仙山楼阁图。本件作品将孙琰《仙山楼阁图》画意与乾隆皇帝题画诗相结合，供陈设与赏玩。

御題孫琰仙山樓閣

樹有清風溪有瀾
樓臺高廻石林端
笏峰叢倚白雲表
輞水亂飛琪珞落寒
法是山樵傳派正
地惟王子得琱安
箇中妙處稱生動
搜葉精工有底難

272

112

碧玉山庄图山子

清
高 17 厘米　长 26.7 厘米

Jasper rock-shaped article with design of landscape
Qing Dynasty
Height 17cm　length 26.7cm

山子玉质光泽莹润，随玉形雕山庄图。正面雕松云楼阁，背面雕松泉灵芝。

此作品采用多层次雕琢的方法，近景以高浮雕表现，景越远浮雕越浅。图案布局疏密得体，层次分明，情景交融，颇具匠心。

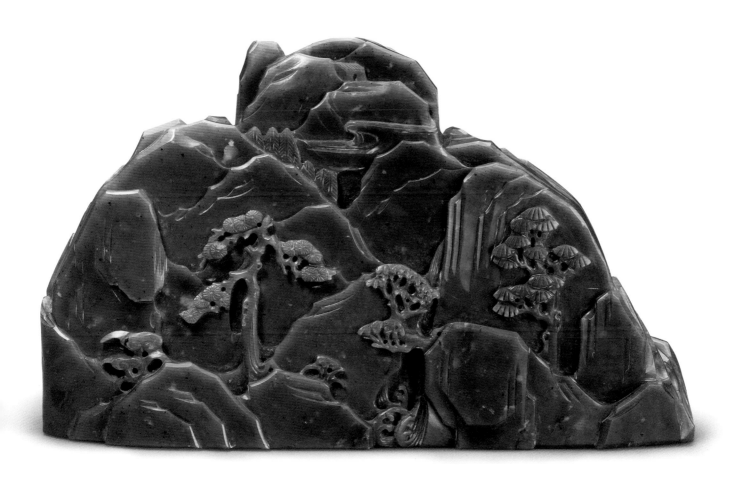

碧玉渔樵耕读图插屏（一对）

清乾隆
高 26.7 厘米 宽 18.5 厘米 厚 1.2 厘米

Jasper table screen with design of fishing, wood-collecting, farming and reading (pair)
Qianlong Period, Qing Dynasty
Height 26.7cm width 18.5cm thickness 1.2cm

　　插屏深色碧玉，含浅色条斑。其一浮雕群山丛林间茅房数间，二人临溪捕鱼，樵夫负薪而行；另一浮雕老者临窗攻读，童子自其后走来。屏风左下角为农夫扶犁，呼牛耘田。前者背面镌刻乾隆御制诗点题："挥汗耘田日正长，偷闲小睡午荫凉。梦还不涉邯郸境，也祇阴晴较雨旸。右耕。三家村里古风存，白首田翁自课孙。耕织相安王道具，宁须时务细陈论。右读。乾隆甲申御题。"末钤"乾"、"隆"二印。后者镌刻"不教篾舫换柴扉，团聚常看妇子围。橙岸系船群晒网，盘餐喜有鳜鱼肥。右渔。山头薪负过溪滨，担卖无过左近邻。何必道中呕且读，报妻终不学吴人。右樵。乾隆甲申御题。"末钤朱"乾"、白"隆"二印。乾隆甲申为乾隆二十九年（1764 年）。

　　插屏近、中、远景舒展如画，辅以由近及远的深、浅渐变浮雕，加强了空间的延伸感。而玉材本身的浅色条斑，又被巧加利用，似绘画中的牛毛皴，营造出细雨如织、烟雨朦朦的氛围。碾琢精美，设计匠心独具。

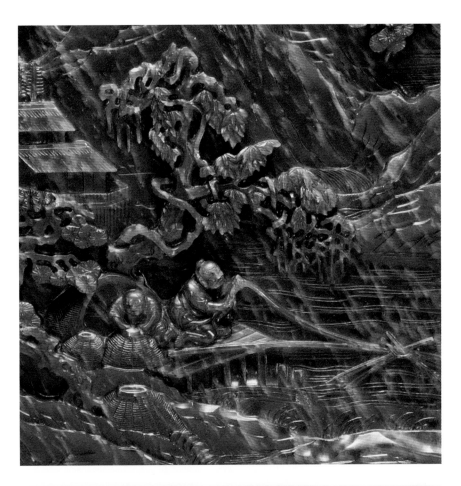

碧玉松鹤延年图插屏

清中期

高 30.4 厘米 宽 26.7 厘米 厚 2.3 厘米

**Jasper table screen with design of pines and cranes
suggesting longevity**
Mid-Qing Dynasty
Height 30.4cm width 26.7cm thickness 2.3cm

屏玉有浅绿及深色斑纹，长方形。屏面凸雕水畔石崖，崖下松树五株，鹤两只，又雕嫩竹、水草、万寿菊及灵芝等，上浮游云，下漫溪水。附木座。

插屏为清代重要的宫廷陈设品，既可作为文房用具，又可陈设于几案之上。清代插屏品种繁多，有白玉、青玉、碧玉；形态多样，有方形、圆形、随形。大多配有紫檀边框或木座。此屏以"松鹤延年"为题，寓万寿长青之意。

碧玉山水罗汉图插屏

清

高 27.5 厘米　宽 22.3 厘米　厚 1.5 厘米

Jasper table screen with design of landscape and Lohan

Qing Dynasty

Height 27.5cm　width 22.3cm　thickness 1.5cm

插屏旧藏遂初堂。长方形，上端微圆。正面雕山水人物图。山水间一山洞，一名瘦僧结跏趺坐于洞口。周围浮雕山石、松树，山顶浮云缓缓流动，山泉如瀑布般落下，飞溅起高高的浪花。整幅画面主次分明，动静结合。背面光素无纹饰。

116

碧玉菊花海棠诗纹插屏（一对）

清
径 17.1 厘米　厚 1.1 厘米

Jasper table screen with design of chrysanthemum and begonia flowers and poems (pair)
Qing Dynasty
Diameter 17.1cm thickness 1.1cm

插屏圆形，其一正面高浮雕山石菊花图。中间为一朵盛开的菊花，两侧饰花蕾及翻卷的叶片。背面镌刻隶书填金《御制菊花诗》："黄花开矣秋临九，数典东篱伦美谈。只恐渊明应暗笑，被人屡举转难堪。"另一正面高浮雕山石花枝图。中间为一朵盛开的秋海棠花。两侧饰花蕾及花叶。花朵与花叶往右侧翻卷，似有风从左侧吹来。背面镌刻隶书填金《御制海棠诗》："墙阴砌角自轻盈，何必春风与斗荣。唐突便教拟侍婢，主人应是郑康成。"

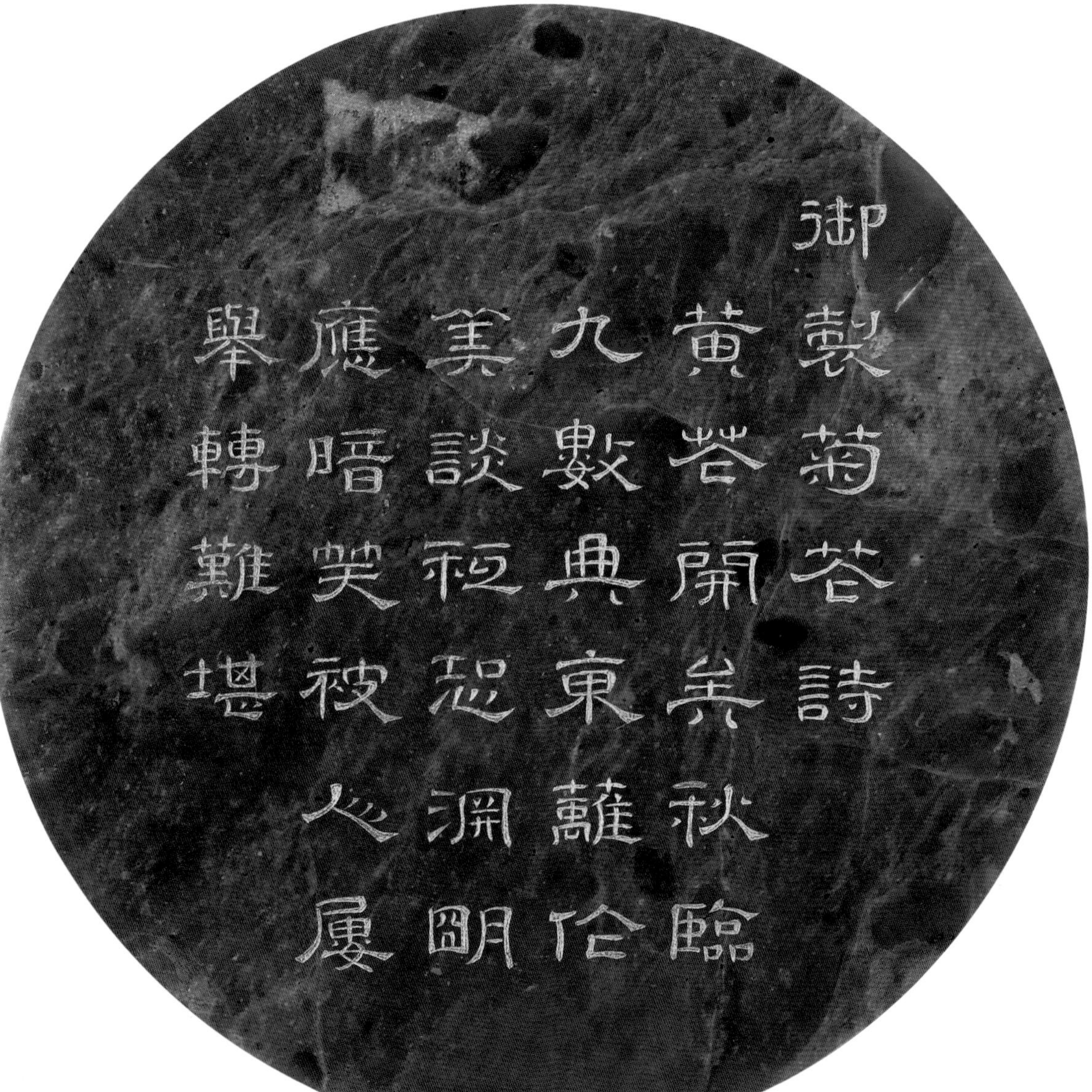
御
製菊花詩
黃花開矣秋臨
九數典東籬佀
美談祗起淵明
應暗笑被心屢
舉轉難堪

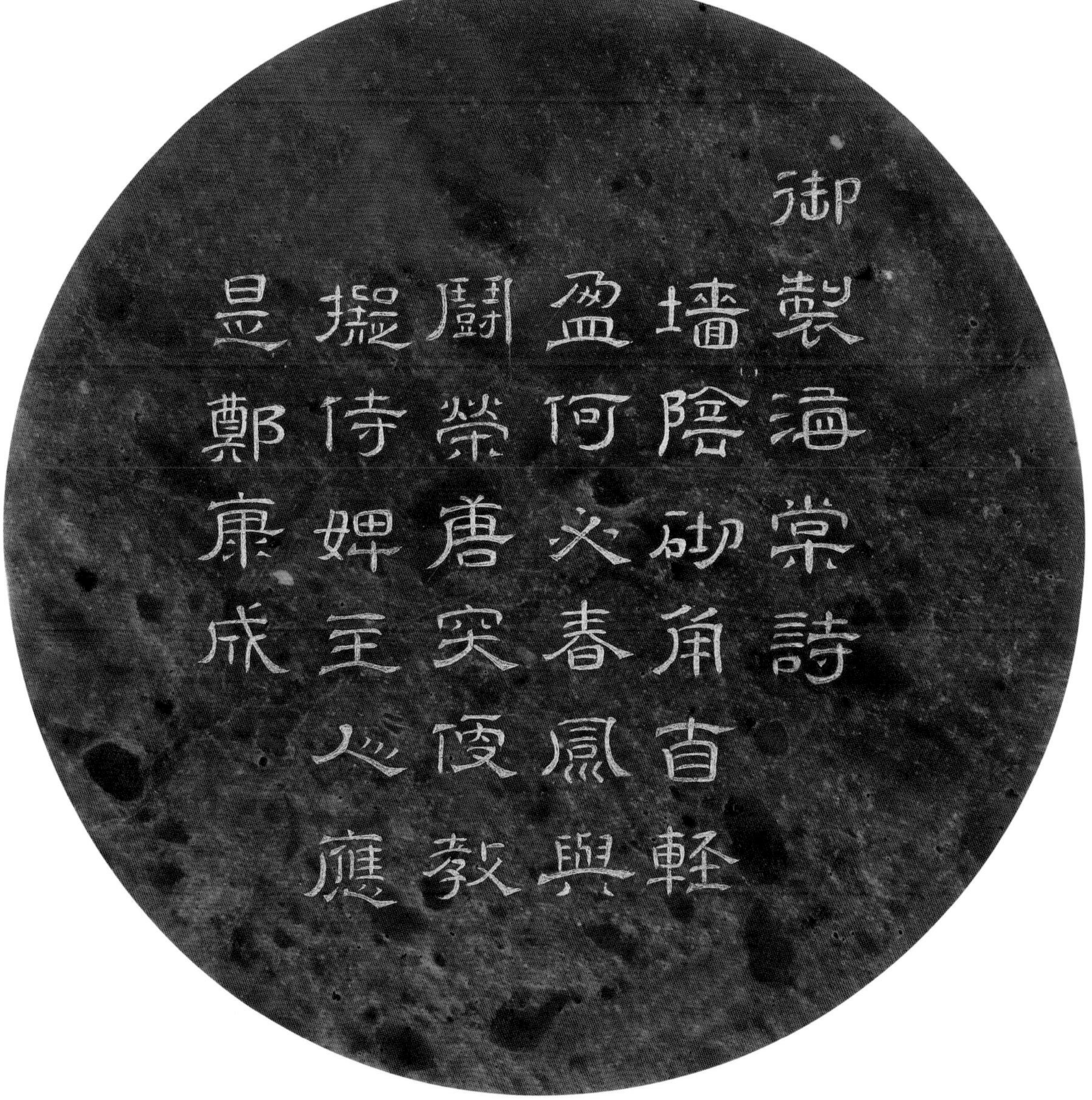
御製海棠詩
墻陰砌角自輕
盈何必春風與
鬬榮唐突便教
擬侍婢主人應
是鄭康成

碧玉贺寿图磬

清

高 31.3 厘米 宽 21 厘米 厚 0.8 厘米

Jasper Qing (stone chine) with design of birthday celebration

Qing Dynasty

Height 31.3cm width 21cm thickness 0.8cm

磬玉有墨斑。由提头、缀饰及大、小两枚磬以套环组连而成。提头、双磬表面采用浅浮雕、阴刻技法。大磬一面碾琢一树寿桃，旁立一凤，山崖间生出灵芝。另一面碾琢波浪滚滚，仙人麻姑撑树叶形舟，载花篮而来，为祝寿之意。上方以套链与相向双螭形提头相连。其下亦以套链与小磬及如意云头、鲇鱼等坠饰相连。小磬两端作双螭首形，装饰流云、螭及蝙蝠图案。

磬为古乐器。清代流行仿古玉石磬之形而变化万端，制成挂磬，作为室内陈设之器，取"吉庆（磬）有余（鱼）"之意。此碧玉挂磬以整料碾琢而成，套链细小规整、大小几近相同，且抛光圆润，制作技术达到了很高水平。装饰图案集古意、文人趣味及世俗好尚于一体，融透雕、浅浮雕、阴刻技法于一炉，含义隽永、雕镂精美。

118

碧玉蟠螭纹如意

清

长 33.7 厘米　宽 8 厘米

Jasper Ruyi with design of interlaced-hydras
Qing Dynasty
Length 33.7cm　width 8cm

如意通柄高浮雕一只蟠螭，螭头尾饰云纹。一只凤鸟攀于如意头部，并饰变形寿字纹与双层勾云边。

清代宫廷中，如意被广泛用于装饰和陈设，既表示不同地位和等级，是权利的象征，又取如意之名，表示顺心、吉祥。如意质地有金、银、铜、珐琅、竹、木、玉等，以玉质如意最多。而玉质如意又分白玉、青玉、碧玉和黄玉，还有镶嵌别的材质宝石的如意。此件如意取龙凤呈祥、福寿如意之寓意。

119

碧玉花卉福寿纹如意

清

长 36.5 厘米　宽 7 厘米

Jasper Ruyi with design of flowers and bat
Qing Dynasty
Length 36.5cm　width 7cm

如意首部浅浮雕圆寿字，饰勾云边，并镂雕一只蝙蝠。柄部双面浮雕牡丹、野菊、桃枝与灵芝纹。柄端穿孔，系丝穗，穗缀红色珊瑚珠二。

此件如意纹饰寓意多福、长寿，是清代常用的祝颂纹饰。

120

碧玉蝠桃纹灵芝式如意

清

长 44.7 厘米　宽 8.5 厘米

Jasper Lingzhi-fugus-shaped Ruyi with design of bat and peach
Qing Dynasty
Length 44.7cm　width 8.5cm

如意灵芝式。首部浅浮雕灵芝、蝙蝠，饰勾云边。柄部深浮雕灵芝、梅花、蝙蝠与桃实纹。柄端穿孔，系丝穗。

此如意纹饰采用高浮雕与局部镂雕相结合的工艺制成。如意上所雕灵芝、蝙蝠、梅花与桃实都是清代盛行的题材，象征吉祥如意。

碧玉《五福五代堂记》如意

清
长 38.3 厘米　宽 9.5 厘米

Jasper Ruyi with record carved
Qing Dynasty
Length 38.3cm width 9.5cm

如意正面镌刻楷书填金《五福五代堂记》："五福堂者，皇祖御笔赐皇考之扁额也，我皇考敬谨摹渤奎章于雍和宫、圆明园，胥用此颜堂以垂永世，丙申年予葺宁寿宫内之景福宫，以待归政后宴息娱老，景福者，皇祖所定名，以侍养孝惠皇太后之所也，予曾为五福颂以书屏，而未以五福名堂者，盖引而未发抑，亦有待也，兹蒙天贶予得元孙五代同堂，为今古稀有之吉瑞，古之获此瑞者，或名其堂以芴其事，则予之所以名堂正宜用此五福之名，且即景福宫之地，不必别有构作而重熙累庆，仍即皇祖、皇考垂裕后昆，贻万世无疆之麻也，若夫获福必归于好德，而好德尤在好其善以敛锡，厥庶民五章之中，三致意焉，兹不复赘予，子孙曾元读是记，及堂中五福颂者，应敬思皇祖、皇考，所以承天之福必在于敬天爱民，勤政亲贤，毋忘旧章予之，所以心皇祖、皇考之心，朝乾夕惕不敢暇逸，以幸获五代同堂之庆于万斯年恒，保此福奕叶云，仍可不勉乎？可不慎乎？臣徵瑞敬书。"背面光素。柄端穿孔，系丝穗，穗缀红色珊瑚珠二。

碧玉竹节柱梅瓣式盘烛台（一对）

清

通高 26.5 厘米

Jasper candle holder with bamboo-shaped stem and plum-flower-shaped plate (pair)
Qing Dynasty
Overall height 26.5cm

烛台竹节式柱，梅瓣式盘。

烛台最早为铜制，战国西汉时已常见，造型多样。在唐代以后，器形的变化较少。清代宫廷烛台的数量较多，材质也十分丰富，有瓷、玉、漆、玻璃、珐琅、银、铜等。造型、纹饰大都有吉祥如意、招财进宝的寓意。烛台一般成双成对，大致可分高、矮两类。这对烛台属较高的一类，以竹节为题材，寓意"节节高升"。

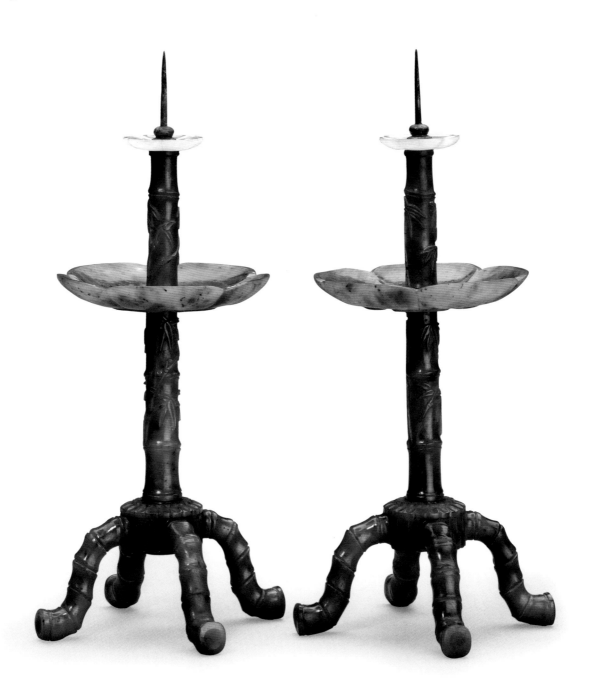

碧玉鹭莲双鱼纹洗

清乾隆
高 7 厘米 口径 22.3 厘米 足径 12.9 厘米

Jasper washer with design of egrets amongst lotuses and two fish

Qianlong Period, Qing Dynasty

Height 7cm   mouth diameter 22.3cm   foot diameter 12.9cm

洗底部墨斑较多。内底雕双鱼，双鱼以鱼鳍相连，上下对称。外壁环壁雕饰鹭莲纹，九只鹭鸶置身荷莲间，或盘旋、或伫立、或觅食，形象各异，生动可爱。水中的荷叶、莲花及水草也是姿态万千。圈足内浅刻"乾隆年制"四字隶书款。附木座。

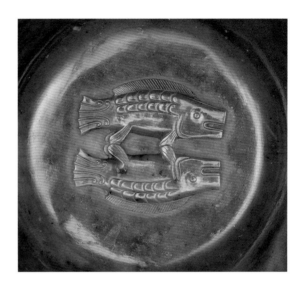

碧玉三多纹四耳活环洗

清

高 4.5 厘米　长 27 厘米　宽 21.5 厘米

**Jasper washer with rotatable rings attached to four
handles and design of the Three Abundances**

Qing Dynasty

Height 4.5cm　length 27cm　width 21.5cm

洗四耳，平底微内凹，矮圈足。两大两小耳对称
分布，大耳雕蝴蝶形，小耳雕兽首，均衔活环；洗外
腹部凸雕蟠螭纹，洗内凸雕三多纹。附木座。

三多纹为清代常用的传统装饰图案，由佛手、寿
桃、石榴三种果实组成，寓意"多福"、"多寿"、"多
子"，简称"三多"。

碧玉四蝶耳活环洗

清

高 6.7 厘米　长 21 厘米　宽 19.5 厘米

**Jasper washer with rotatable rings attached to four
butterfly-shaped handles**
Qing Dynasty
Height 6.7cm length 21cm width 19.5cm

洗圆形，口沿起凸棱一道，四蝴蝶式耳均匀分布在凸棱上，下衔活环。底部为圆弧形，均匀雕饰六个垂云式足。洗身内外皆光素，底上浅刻"乾隆年制"四字隶书款。

此洗的碧玉料较粗糙，白斑多，绿色呈网状，却别有一番风致。

碧玉八宝纹蝶耳活环洗

清
高 12.3 厘米　长 36 厘米　口径 27.6 厘米

Jasper washer with rotatable rings attached to butterfly-
shaped handles and design of the Eight Auspicious
Symbols
Qing Dynasty
Height 12.3cm　length 36cm　mouth diameter 27.6cm

　　洗口沿外唇雕饰回纹一周，蝴蝶形双耳衔活环，双耳间腹部凸雕对称兽首，其间以云纹作地，浅浮雕八宝纹。圈足内中心阴刻"乾隆年制"四字隶书款。附木座。

127

碧玉双鱼纹花耳活环洗

清
高 7.8 厘米 长 28 厘米 口径 19 厘米

Jasper washer with rotatable rings attached to flower-shaped handles and design of pair fish
Qing Dynasty
Height 7.8cm length 28cm mouth diameter 19cm

洗圆形，半圆雕花形耳，下衔活环，四矮足。洗内浮雕缠枝莲间两条鲶鱼相对嬉戏，寓"连年有余"之意；外壁浮雕缠枝花卉纹。

碧玉缠枝莲纹花耳洗

清

高 6.2 厘米 宽 42 厘米 口径 31.5 厘米

Jasper washer with flower-shaped handles and design of interlocking lotus
Qing Dynasty
Height 6.2cm width 42cm mouth diameter 31.5cm

洗圆形，对称镂空花形双耳，内膛较浅，下承四矮足。器内及外壁均浮雕缠枝莲纹。外底光素，中心阴刻"乾隆年制"四字隶书款。

此器原为清宫之物，后曾被溥仪抵押给天津盐业银行。1949 年后被收回，并重新回到宫中。

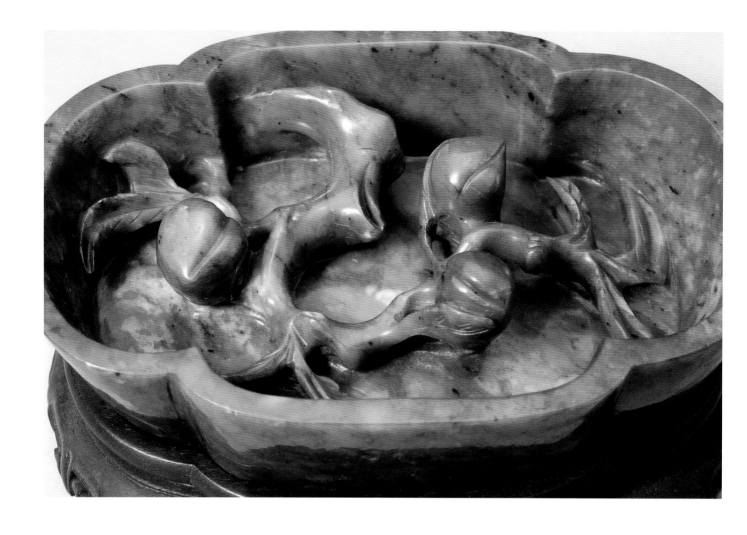

129

碧玉枝桃纹海棠式洗

清
高 3.4 厘米　口径 13.3×9.5 厘米

Jasper begonia-flower-shaped washer with design of
peach branch
Qing Dynasty
Height 3.4cm　mouth size 13.3×9.5cm

洗呈海棠式，底内凹。器壁较厚实，洗内底高浮雕三桃及桃叶，基本布满底面。洗外壁光素，外底中心刻"乾隆年制"四字篆书款。附木座。

此洗形制较小，内膛浅且有高浮雕，实用性不大，可以作为文人案头的雅玩之器。

130

碧玉灵芝如意头式洗

清
高 2.9 厘米　口径 9.3×6.8 厘米

Jasper washer in shape of the head of Ruyi and with
Lingzhi fugus design
Qing Dynasty
Height 2.9cm　mouth size 9.3×6.8cm

洗呈如意头形。外底浮雕灵芝及带叶枝蔓，枝干
盘曲婉转铺满底部。

此器雕刻较为精细，打磨亦佳，堪为玉器文玩中
之精品。

131

碧玉荷叶式洗

清
高 3.5 厘米　口径 11.5×5 厘米

Jasper washer in shape of lotus leaf
Qing Dynasty
Height 3.5cm　mouth size 11.5×5cm

洗呈荷叶内卷式，椭圆形。荷叶内外的叶脉分别用单线和双线表现，颇具写实性；荷叶边缘雕莲蓬、水鸟及水草等，水草蔓枝过洗口上，将洗分为大小两部分。

清代玉文具中，笔洗造型较为丰富，多以水生植物及花果造型为主，深得文人雅士喜爱。

碧玉太白醉酒水丞

清

高 4.7 厘米　长 9.3 厘米　宽 6.9 厘米　口径 1.35 厘米

Jasper peach-shaped water container with design of drunken poet Li Bai of Tang Dynasty

Qing Dynasty

Height 4.7cm　length 9.3cm　width 6.9cm

mouth diameter 1.35cm

水丞玉局部有墨斑。大小二桃相连，大桃内空，用以盛水。旁雕一人斜倚水丞，以手扶膝，神情欢愉酣畅。

古代瓷器、石雕、泥塑等作品中常见此种"太白醉酒"题材。

碧玉灵芝式水丞

清

高 6.7 厘米　长 9.2 厘米　宽 4 厘米

Jasper Lingzhi-fugus-shaped water container
Qing Dynasty
Height 6.7cm　length 9.2cm　width 4cm

水丞呈敞口灵芝形，上广下敛，旁辅雕小朵灵芝及兰花，作抱立式。灵芝和兰花一般有芝兰祝寿之意。

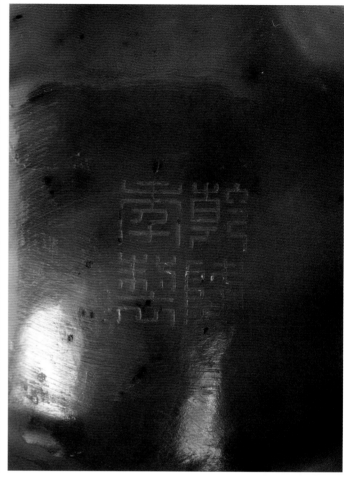

134

碧玉牺尊式砚滴

清乾隆
高 11 厘米　长 13 厘米　宽 5 厘米

Jasper water dropper in shape of ancient bronze
Qianlong Period, Qing Dynasty
Height 11cm　length 13cm　width 5cm

砚滴玉局部有褐色沁和黑色斑点。圆雕牺尊式造型，背部开圆孔，孔内插一水注。腹部刻"乾隆年制"四字篆书款。

砚滴为文房用具，因研磨时用水量较小，多一滴一滴地注水，故名。

碧玉凤鸟式砚滴

清
高 6.5 厘米 口径 3.3×2.4 厘米

Jasper water dropper in shape of phoenix
Qing Dynasty
Height 6.5cm mouth size 3.3×2.4cm

砚滴玉有黑斑。圆雕一凤鸟，呈卧伏状。口微张，口部有孔可出水。腹部掏空，可贮水。双翅收于背部两侧，双爪收于腹下，长尾，羽分两缕支于地。背部开孔可入水，上有盖，盖亦雕作卧凤形状。其下配有镂雕松、竹、灵芝纹红木座。

碧玉条纹卷足长方墨床

清

高 2.2 厘米 长 16.5 厘米 宽 5.3 厘米

Jasper rectangular ink bed with scrolled ends
Qing Dynasty
Height 2.2cm length 16.5cm width 5.3cm

墨床旧藏懋勤殿。玉有瑕斑。长方卷足较大，床面凹雕条纹，可放置大小不一的长条形墨。附木座。

碧玉竹节式墨床

清

高 1.9 厘米　长 7.7 厘米　宽 4.4 厘米

Jasper ink bed in shape of semi-bamboo section
Qing Dynasty
Height 1.9cm　length 7.7cm　width 4.4cm

墨床呈竹节半剖式，凡四节，长短不一，竹节间侧发一竹枝，向上分发两条，竹叶上仰下俯相呼应，有动感。竹节内部按照竹子原有形态雕出竹膈。附木座。

此器较小，且表面不平，实用价值不大，为案头雅玩之物。

碧玉管笔

清

长 27 厘米　宽 2.5 厘米

Jasper brush

Qing Dynasty

Length 27cm　width 2.5cm

　　笔头为褐色笋尖式，笔杆及笔斗均为碧玉质，笔杆上端浅刻隶书"御制"及"心正事相依"，并填金。

　　笔的起源最早可追溯到新石器时代，而毛笔的普遍使用至晚战国。笔之正宗，当以竹为笔杆，兽毛为毫，并配有笔帽以护笔毫，西汉时已成定制。除竹杆外，用以制作笔杆的材料尚有犀角、象牙、金、银等，以示豪奢。玉质管笔，明、清宫廷中较为多见。

碧玉竹溪六逸图笔筒

清乾隆

高 19.5 厘米 口径 19.7 厘米

Jasper brush holder with design of Six Hermits in Zhuxi

Qianlong Period, Qing Dynasty

Height 19.5cm　mouth diameter 19.7cm

笔筒玉质局部有浅斑。圆筒形，厚壁。通体减地浮雕山石、竹林、亭阁、瀑布。其间六位老者或饮酒，或吟诗，或沉吟，或手舞足蹈，情态各异。执壶童子相伴左右。上方一山石表面留白处镌刻隶书"竹溪六逸"点题。附木座。

开元二十五年，李白移居东鲁，与山东名士孔巢父、韩准、张叔明、陶沔在祖徕山竹溪隐居，吟啸林泉，纵酒酣歌，世人称之为"竹溪六逸"。明代中、晚期以来，特别是清代，这一思想被移植到玉雕上加以体现，陈之书房清室，时时相伴。虽身居庙堂俗世，但心却可借此超然物外，与古人相通。

140

碧玉西园雅集图笔筒

清乾隆
高 19.6 厘米 口径 19.8 厘米

Jasper brush holder with design of scholars gathering in Xiyuan Garden
Qianlong Period, Qing Dynasty
Height 19.6cm mouth diameter 19.8cm

笔筒筒式，泥鳅背式口沿。口部阴刻御题诗："裘钟兹琢玉为都，四十年前此物无。黩武或当差免议，崇文实可伴清娱。彼疆岂乏章书用，斯代幸传今古谟。岁贡视常非异事，十千堪笑诩珊瑚。"末署"乾隆戊午年夏御题"，后附"德充符"篆书印。通体雕刻通景式西园雅集图，多位老者或题壁、或鉴古、或参禅、或弹琴，各得其乐。一块下垂山石上竖刻隶书"西园雅集"点题。附木座。

西园雅集是中国古代画家喜爱表现的历史题材。西园是北宋驸马都尉王诜宅邸，王诜曾邀请苏轼、苏辙、黄庭坚、米芾、李公麟以及圆通大师等16人来园雅集。两宋至明清的一些名画家都有此题材的画作流传至今。

141

碧玉渔家乐图笔筒

清
高 14.8 厘米 口径 12.9 厘米

Jasper brush holder with design of fishing
Qing Dynasty
Height 14.8cm   mouth diameter 12.9cm

笔筒外壁高浮雕山水渔家乐图。画面古木森森，山下泊舟，山道上有老翁携童子拾阶而上，空中浮流云飞鹤。层次清晰，空间感颇强。

此器以碧玉雕琢，其色调与质地的润泽颇合于山林清幽、渔家逸乐之意趣。

碧玉山水人物图笔筒

清

高 14 厘米　口径 7.2 厘米　足径 7.5 厘米

Jasper brush holder with design of landscape and figures

Qing Dynasty

Height 14cm　mouth diameter 7.2cm　foot diameter 7.5cm

笔筒浅色碧玉有墨斑。周身浮雕崖壁、山石、松树、桃枝。山崖上一女子俯视，下方松树下两长衫冠帽男子，翘首仰望，似有所语。附木座。

碧玉笔筒

清

高 14.7 厘米　口径 16.5 厘米

Japser brush holder
Qing Dynasty
Height 14.7cm　mouth diameter 16.5cm

笔筒旧藏紫禁城内的惇本殿。圆形，底部微凹。壁较厚。通体光素，打磨精细莹润。下承紫檀镂空木座。

碧玉托灵芝坐佛

清
通高 23 厘米　宽 11.3 厘米

Jasper sitting Buddha with Lingzhi fugus in hands
Qing Dynasty
Overall height 23cm　width 11.3cm

　　佛螺髻，双耳垂肩，双手捧灵芝，放于胸前。长
衫及地，背靠镶铜边青玉背光座，结全跏趺坐于青玉
莲花座上。莲花座分上下两层，以回纹间隔，各饰双
层莲瓣。

　　故宫博物院藏玉质佛像不多，此尊坐佛开脸柔和、
安祥，衣饰纹理分明、线条流畅，是难得的玉雕佛像
精品。

145

碧玉观音

清

高 28.8 厘米 宽 10.7 厘米 厚 4.8 厘米

Jasper Guanyin
Qing Dynasty
Height 28.8cm width 10.7cm thickness 4.8cm

　　玉带黑斑。观音跣足而立，头戴风帽，面露微笑，发髻正中饰莲花座坐佛顶簪，双耳戴耳坠。衣抹胸，饰宝轮璎珞。双手交叠自然下垂，腕间饰手镯，左手持念珠。

碧玉兽面纹璧

清乾隆

直径 25.6 厘米　孔径 4.4 厘米　厚 1 厘米

Jasper Bi with design of animal masks
Qianlong Period, Qing Dynasty
Diameter 25.6cm hole diameter 4.4cm thickness 1cm

璧玉有浅斑。两面纹饰相同，中部有一周粗绳纹，将璧表面分成内外两区，内区饰谷纹，外区以回纹为地，其上凸起四组兽面纹，边沿部分刻楷书乾隆御题："玉河恒贡玉，中璧致艰之。正复盈周尺，原堪匹汉时。质呈韭色润，纹列谷形弥。不比他琼玖，祈年重在兹。乾隆癸丑御题。"并"八徵耄念"、"自强不息"二印。

碧玉鸠形杖首

清

高 8 厘米　底径 2.7×2.4 厘米

Jasper turtle-dove-shaped top of walking stick
Qing Dynasty
Height 8cm　bottom size 2.7×2.4cm

杖首玉质润泽，泛青。圆雕鸠形，鸠首高昂，尾羽翘起，双翅上扬，翅根贴服于背。身下有孔，作杖銎。

《后汉书·礼仪志》载有"年始七十者，授之以王杖"，《周礼·夏官·罗氏》中亦有"献鸠以养国老"、"养衰老，授几杖，行糜粥饮食"的记载。可见，赐予七旬老者鸠杖是为古制。鸠者，不噎之鸟也，寓老人进食不噎，可得长寿。

碧玉螳螂

清
高 3 厘米 长 8.5 厘米 宽 1.8 厘米

Jasper mantis
Qing Dynasty
Height 3cm length 8.5cm width 1.8cm

经火。螳螂伏于一豆荚上，以豆荚作平台，螳螂四肢作三角式立于其上，强有力的双前肢稍作弯曲，支撑其三角形头部，头稍偏于一方，大眼睛突出，翼翅用阴线雕刻为网格状。整体形象生动可爱，颇得自然之趣。

碧玉雕动物形象不多，此件可谓精品之作。或把玩手中，或置于案头，都可增添天然雅趣。

149

碧玉人物图扳指

清乾隆
长 2.3 厘米 径 3.1 厘米

Jasper finger stall with design of figures
Qianlong Period, Qing Dynasty
Length 2.3cm diameter 3.1cm

扳指圆柱状，中空。表面雕人物故事纹，并刻阳文御制诗"乾隆戊戌仲夏月御题：弓矢文皇喻政深，木求脉理正于心。緊予职亦临民者，良譬惟殷效法钦。"末署"太"、"卦"。

扳指最初名"韘"，是射箭用的一种护手工具，后演变为饰物。玉扳指初见于商代，春秋、战国时期已十分流行。坡形扳指出现较早，流行于汉文化地区，一直使用到明代。桶形扳指主要见于清代。

碧玉蝶纹瓜式坠

清
高 5.2 厘米 径 4.5×2.7 厘米

Jasper pendant in shape of melon with butterfly design
Qing Dynasty
Height 5.2cm size 4.5×2.7cm

瓜圆雕，瓜蒂连着枝蔓，藤叶缠附瓜身，形态自然，瓜身上还以浅浮雕的形式雕刻一只展翅的蝴蝶，因浮雕较浅，形象生动不足。

碧玉双瓜式香囊

清

长 6.2 厘米　宽 4.4 厘米

Jasper fragrance bag in shape of two melons
Qing Dynasty
Length 6.2cm　width 4.4cm

　　香囊呈双瓜式，扁形，对开。瓜身镂雕古钱纹、
十字纹，瓜叶蔓延在瓜上，一只昆虫飞来，俯身瓜上，
显示了动静结合的意境。配以明黄丝穗及白玉花形
紧扣。

　　清代王公贵戚常带玉香囊，内贮各种香料。

碧玉佛手式香囊

清
长 5.6 厘米　宽 4.6 厘米

Jasper fragrance bag in shape of Buddha's fingers
Qing Dynasty
Length 5.6cm　width 4.6cm

　　香囊呈佛手式，扁形，对开。镂雕圆点纹、米字纹，佛手手指处作镂空雕饰。配以明黄丝穗及白玉花形紧扣。

碧玉石榴式香囊

清

长 5.1 厘米 宽 4.7 厘米

Jasper fragrance bag in shape of pomergranate
Qing Dynasty
Length 5.1cm width 4.7cm

　　香囊碧玉颜色较暗。整器呈石榴形，分为两片，有子母口，口花瓣式。地子镂雕柿蒂纹，器面浮雕、镂雕石榴果及叶，底部镂空为枝叶形。系黄色丝带穗和白玉小花一个。

碧玉三果式香囊

清

长 5.1 厘米　宽 3.9 厘米

Jasper fragrance bag in shape of Three Fruits
Qing Dynasty
Length 5.1cm　width 3.9cm

香囊呈折枝花果式，扁形，对开。以透雕形式雕琢大小三枚果实，并镂雕圆点纹、水波纹、星圈纹，似为荔枝。配以明黄丝穗及白玉花形紧扣。

此物开合有限，内膛极浅，难以贮放香料，仅作佩带之用。

碧玉葡萄式香囊

清

长 6.4 厘米 宽 4.4 厘米

Jasper fragrance bag in shape of grapes
Qing Dynasty
Length 6.4cm   width 4.4cm

香囊呈葡萄累叠式。果身镂雕古钱纹、水波纹、十字纹、圆点纹等，呈现硕果累累之态。配以明黄丝穗及白玉花形紧扣。

碧玉花卉纹套环式佩

清

通长 13.4 厘米　大环径 7.3 厘米　厚 1.1 厘米

Jasper three-ring-tiered pendant with flora design
Qing Dynasty
Overall length 13.4cm　diameter of the biggest ring 7.3cm
thickness 1.1cm

佩三套环式，展开呈葫芦形。大环立体透雕柿子、枝叶及花朵；中环透雕百合花叶；小环透雕簇拥如意头，中穿孔备系挂。活动轴以管钻自两侧穿琢而成，开合自如。

此佩环设计巧妙，碾琢精致，抛光莹润，为系于腰带、垂于身侧的佩饰。图案寓意万事大吉、万事如意。

碧玉结绳纹烟壶

清乾隆
高 6.7 厘米 长 4.5 厘米

Jasper snuff bottle with design of rope junction
Qianlong Period, Qing Dynasty
Height 6.7cm length 4.5cm

烟壶玉质略有黑斑。扁瓶形壶身，圆形口，圆形盖，内连象牙匙，椭圆形圈足。腹部浮雕结绳纹，底内阴刻"乾隆年制"四字篆书款。

此壶仿汉代铜壶式样，小器大样，线条优美，技法简练，雕琢精细，古雅有趣，为清乾隆时期玉制鼻烟壶中工艺水平较高的作品。

玛纳斯产碧玉标本

JASPER SPECIMENS FROM MANASI COUNTY, XINJIANG AUTONOMOUS REGION

标本 1
Specimen 1

标本 2
Specimen 2

标本 3
Specimen 3

标本 4

Specimen 4

标本 5

Specimen 5

标本 6

Specimen 6

标本 7

Specimen 7

标本 8

Specimen 8

标本 9

Specimen 9

标本 10

Specimen 10

标本 11

Specimen 11

标本 12

Specimen 12

标本 13

Specimen 13

标本 14

Specimen 14

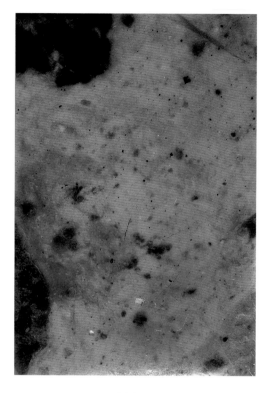

标本 15

Specimen 15

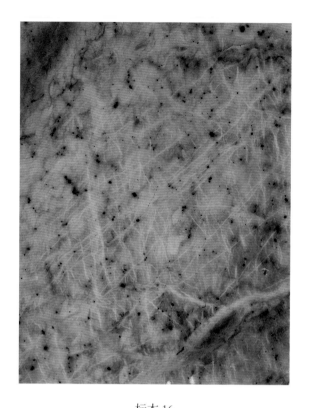

标本 16

Specimen 16

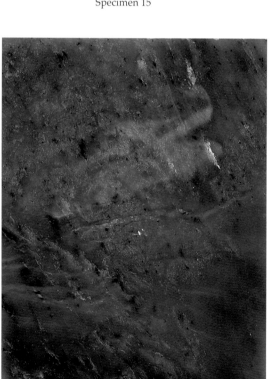

标本 17

Specimen 17

标本 18

Specimen 18

标本 19
Specimen 19

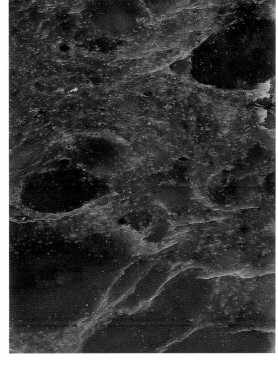

标本 20
Specimen 20

标本 21
Specimen 21

（以上标本为玛纳斯县鸿德玉器行总经理余鸿奇提供）

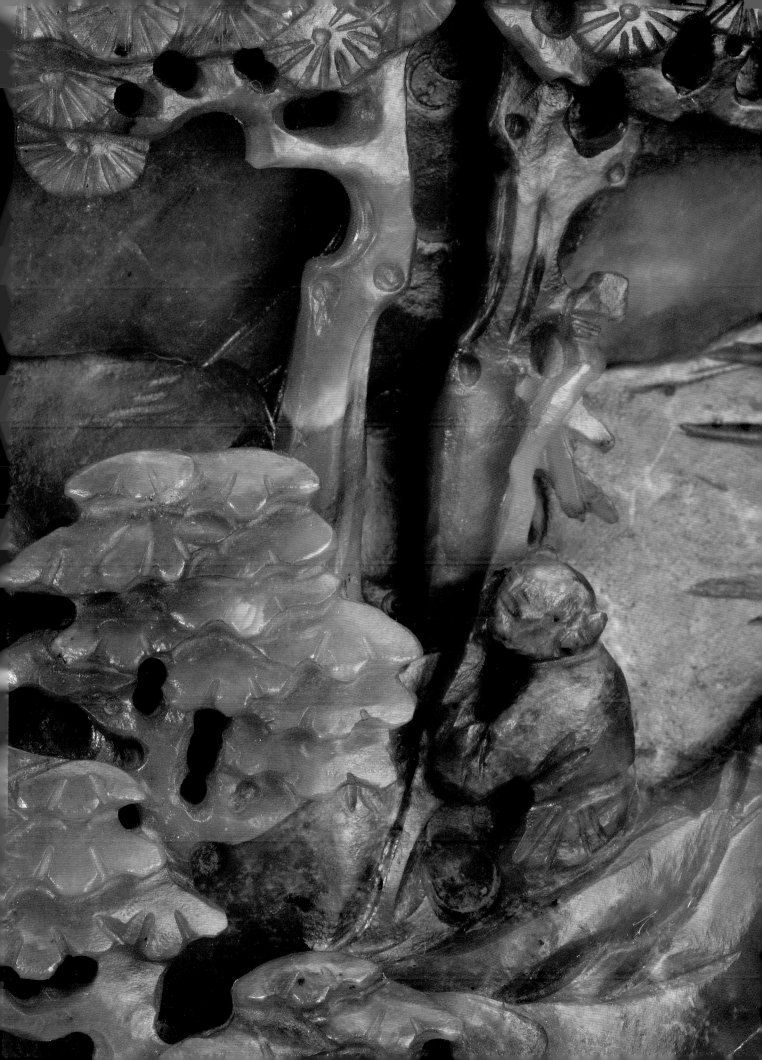

图书在版编目（CIP）数据

故宫博物院藏清代碧玉器与玛纳斯 / 故宫博物院编.
—— 北京 ：故宫出版社，2014.8
ISBN 978-7-5134-0647-5

Ⅰ．①故… Ⅱ．①故… Ⅲ．①古玉器－鉴赏－中国－
清代 Ⅳ．①K876.84

中国版本图书馆CIP数据核字(2014)第178002号

故宫博物院藏清代碧玉器与玛纳斯
故宫博物院编

主　　编：张广文
副 主 编：张林杰
编　　委：赵桂玲　黄　英　郭福祥
英文翻译：薛秀康　郑弘毅
　　　　　薛　云　于全文
摄　　影：田明洁
责任编辑：万　钧
装帧设计：李　猛
出版发行：故宫出版社
　　　　　地址：北京市东城区景山前街4号　邮编：100009
　　　　　电话：010-85007808　010-85007816　传真：010-65129479
　　　　　网址：www.culturefc.cn　邮箱：ggcb@culturefc.cn
制版印刷：北京雅昌艺术印刷有限公司
开　　本：787×1092毫米　1/16
印　　张：22
版　　次：2014年8月第1版
　　　　　2014年8月第1次印刷
书　　号：ISBN 978-7-5134-0647-5
定　　价：360.00元